T0098916

DANS LA MÊME COLLECTION

La philosophie de Thomas d'Aquin, par Ruedi Imbach et Adriano Oliva, 2009.

La philosophie de Francis Bacon, par Michel Malherbe, 2011.

La philosophie de Bergson, par Anne-Claire Désesquelles, 2011.

La philosophie de Nelson Goodman, par Jacques Morizot et Roger Pouivet, 2011.

La philosophie de Raymond Ruyer, par Fabrice Louis et Jean-Pierre Louis, 2014.

La philosophie de Descartes, par Denis Moreau, 2016.

REPÈRES PHILOSOPHIQUES

Directeurs : Ruedi IMBACH et Michel MALHERBE

LA PHILOSOPHIE
DE JOHN DEWEY

REPÈRES

par

Stéphane MADELRIEUX

PARIS

LIBRAIRIE PHILOSOPHIQUE J. VRIN

6 place de la Sorbonne, V e

2016

© *Librairie Philosophique J. VRIN*, 2016
Imprimé en France
ISSN 2105-0279
ISBN 978-2-7116-2646-5
www.vrin.fr

ABRÉVIATIONS

Les citations renvoient à l'édition des 37 volumes des *Collected Works* de John Dewey. Pour celles tirées des ouvrages publiés par Dewey, la référence donne d'abord l'abréviation de l'ouvrage, puis l'abréviation de la série et du numéro du volume dans les *Works*, enfin la page. Par exemple (AE, LW10, 12) renvoie à la page 12 de *Art as Experience* qui est publié dans le volume 10 de *The Later Works*.

EW	*The Early Works*, volumes 1-5
MW	*The Middle Works*, volumes 1-15
LW	*The Later Works*, volumes 1-17
ACF	*A Common Faith* (LW9)
AE	*Art as Experience* (LW10)
DE	*Democracy and Education* (MW9)
E1	*Ethics* (MW5)
E2	*Ethics* (LW7)
EE	*Experience and Education* (LW13)
EEL	*Essays in Experimental Logic* (recueil dispersé dans plusieurs volumes de MW)
EN	*Experience and Nature* (LW1)
FC	*Freedom and Culture* (LW13)
HNC	*Human Nature and Conduct* (MW14)
HT1	*How we Think* (MW6)
HT2	*How we Think* (LW8)
ION	*Individualism, Old and New* (LW5)
ID	*The Influence of Darwin on Philosophy* (dispersé dans plusieurs volumes de MW)

KK	*Knowing and the Known* (LW16)
LSA	*Liberalism and Social Action* (LW11)
LTI	*Logic : The Theory of Inquiry* (LW12)
PP	*The Public and its Problems* (LW2)
QC	*The Quest for Certainty* (LW4)
RP	*Reconstruction in Philosophy* (MW12)
TV	*Theory of Valuation* (LW13)
UPMP	*Unmodern Philosophy and Modern Philosophy* (publié hors *Collected Works*)

Le mode de citation (Mead, 2006) renvoie aux ouvrages des autres pragmatistes indiqués dans la section « autour de Dewey » de la bibliographie.

LA VIE DE JOHN DEWEY

Né dans une petite ville du Vermont aux États-Unis, John Dewey (1859-1952) trouva dans la philosophie de quoi surmonter les divisions et conflits internes dont il avait hérité de son milieu familial et social et de son éducation. C'est d'abord dans la philosophie hégé-lienne, qu'il découvre pendant ses études à l'Université du Michigan, qu'il rencontre une méthode générale permettant de dépasser toutes les oppositions, comme celles entre le moi et le monde, le spirituel et le matériel, Dieu et la nature. Il cherche toutefois à transformer la doctrine hégélienne au lieu de l'accepter telle quelle, et son premier livre, *Psychology* (1887), porte la trace de cet effort pour concilier l'idéalisme absolu de Hegel avec les nouvelles méthodes et résultats de la psychologie scientifique, que les hégéliens plus ortho-doxes dédaignaient. Finalement, la prise de conscience que la doctrine hégélienne ressuscitait un nouveau dualisme, entre le point de vue de l'absolu, qui est parfait et achevé, et le point de vue humain, qui est partiel et transitoire, l'amène à passer « de l'absolutisme à l'expérimentalisme » (LW5, 147-160), bien que, de son propre aveu, la lecture de Hegel ait laissé dans sa pensée un « dépôt permanent » (*ibid*, 154).

C'est la parution des *Principes of Psychology* (1890)
de William James qui est l'occasion de cette transition,
mais elle est précipitée par sa nomination à la tête de la
nouvelle faculté de philosophie, psychologie et pédagogie
de l'Université de Chicago en 1894. Entouré de collègues
comme James Tufts, James Angell ou Georges Mead,
tous acquis au mode de pensée expérimental et acteurs du
mouvement pragmatiste inspiré de Charles Peirce et de
William James, il s'emploie à développer les bases d'une
psychologie qui soit à la fois biologique et sociale, d'une
logique qui soit instrumentale et centrée sur la pratique de
l'enquête, et d'une éthique qui soit sociale et scientifique.
Ces projets sont stimulés par la création sous son
auspice d'une école primaire « laboratoire » qui entend
déployer dans le champ de l'éducation une réflexion de
type expérimental sur les méthodes, les programmes et
l'organisation scolaires, mais aussi par sa fréquentation
de la *Hull House* fondée par Jane Adams, centre social
qui se présente comme un laboratoire de réflexion et de
construction de la communauté démocratique dans une
ville en pleine explosion démographique et industrielle.
En 1904, il est recruté par la Columbia University à
New York (il y restera jusqu'à sa retraite en 1930), où
il achève son mouvement de transition en publiant la
première grande synthèse de sa pensée, *Democracy and
Education* en 1916.

Loin de constituer le couronnement de son
développement intellectuel, cet ouvrage publié à l'âge
de 57 ans relance sa carrière et son œuvre et renforce
son engagement politique. Invité au Japon puis en Chine
juste après le 4 mai 1919, il y reste deux ans, accueilli lors
de ses tournées de conférences comme le grand héraut

occidental de la science et de la démocratie. Il développe aux États-Unis sa conception radicale de la démocratie contre ceux qui, tel Walter Lippmann, veulent réduire la participation des citoyens aux affaires publiques, comme il se fait l'ambassadeur à l'étranger de l'éducation progressiste comme moyen de réforme sociale (expertise du système éducatif de la nouvelle République de Turquie de Mustafa Kemal en 1924, mission à Mexico en 1926, visite en URSS en 1928). Proche du socialisme démocratique et considérant que les mesures trop timides du New Deal pour répondre à la crise de 1929 perpétuent une organisation sociale contrôlée par le capital, il cherche à créer dans les années 1930 un troisième parti au-delà des Républicains et des Démocrates. Sa foi en la démocratie le rend néanmoins tout aussi critique du communisme, que ce soit celui de Staline ou de Trotski, même s'il accepte de présider en 1937 la commission d'enquête internationale qui lave ce dernier des charges d'accusation portées à son encontre lors des procès de Moscou. Ses très nombreuses interventions publiques en faveur des libertés intellectuelles et contre tous les totalitarismes ne l'empêchent pas de mener une œuvre de fond qui entend reconstruire tous les champs de la philosophie traditionnelle, depuis la métaphysique (*Experience and Nature*, 1925) jusqu'à la logique (*Logic : Theory of Inquiry*, 1938) en passant par la philosophie politique (*The Public and Its Problems*, 1924), la philosophie des sciences (*The Quest for Certainty*, 1929), la morale (*Ethics*, 1932), l'esthétique (*Art as Experience*, 1934) et la religion (*A Common Faith*, 1934).

Actif et prolifique jusqu'au bout, il meurt à l'âge de 93 ans, célébré comme le « philosophe de l'Amérique »

LA PENSÉE DE JOHN DEWEY

LE PROBLÈME ET LE PROGRAMME

Le problème central de la vie moderne

Comme tout le monde, un philosophe ne pense que pour résoudre des problèmes. Le problème qui donne à la pensée de Dewey sa direction et son unité n'est pas une question inouïe ou refoulée, qu'il aurait été le seul à avoir su faire entendre et qui marquerait ainsi sa singularité absolue dans l'histoire des idées. C'est au contraire un problème commun et hérité de la tradition. Ce n'est d'ailleurs pas seulement un problème technique de philosophes, c'est un problème qui concerne les hommes, une sorte de malaise qui trouble la civilisation. Le philosophe a son rôle à jouer en portant ce problème à une expression plus claire, mais il ne l'invente pas. C'est que les philosophies, selon Dewey, ne se situent pas en surplomb de la culture, comme si elles pouvaient en être séparées. Même quand une philosophie nous parle de vérités universelles et nécessaires, non liées à un contexte spatial ou temporel donné, elle reste une expression de la culture reliée aux autres activités des hommes. C'est pourquoi la philosophie a une histoire, et que les changements dans les autres secteurs de la culture influencent ou doivent influencer la philosophie – et d'autant plus s'ils sont importants comme une révolution scientifique ou politique. L'origine et le matériau d'une philosophie ne sont d'ailleurs pas d'abord philosophiques : ce sont précisément les difficultés et conflits sociaux-culturels de son temps. Et même lorsqu'un philosophe présente son système comme un reflet adéquat et neutre de la réalité ultime, il poursuit en fait un programme en cherchant à défendre ce qui, dans la culture, a le plus de valeur à ses yeux (RP, MW12, 93-94).

Ce n'est pas dire qu'il faille réduire tout problème philosophique à une question de société : la philosophie, au cours de son histoire, est devenue une activité spécialisée, avec ses problèmes propres, ses techniques distinctives, ses normes et objectifs spécifiques, ses héros et ses institutions. Mais cette spécificité ne doit pas conduire à un isolement social et à l'illusion d'une autarcie intellectuelle, car une telle activité est issue d'une division du travail si bien qu'elle ne reçoit son sens et sa valeur que de la contribution *propre* qu'elle peut apporter au reste de la culture, c'est-à-dire de la différence pratique spécifique qu'elle peut apporter à nos croyances. Le philosophe doit ainsi garder un œil sur la culture de son temps (ses croyances, ses coutumes, ses institutions, ses valeurs), qui lui fournit ses problèmes, et l'autre sur les livres de la tradition philosophique, qui lui fournit les ressources et instruments pour y faire face. Dire qu'une philosophie est occasionnée par les difficultés sociales ne veut pas non plus dire qu'elle n'est qu'un reflet passif des conditions culturelles existantes. Le but de la pensée philosophique, comme de toute pensée, est précisément de faire une différence pratique possible dans la situa-tion, si bien qu'une des fonctions principales que la philosophie doit assumer est selon Dewey de critiquer les croyances, coutumes, institutions et valeurs existantes en vue de transformer les conditions culturelles au lieu de les reproduire. Il n'y a pas de contradiction à être à la fois moderne et intempestif.

Outre l'approche contextualiste de la pensée philosophique, il existe d'ailleurs une seconde raison pour laquelle la philosophie ne peut pas apporter du dehors une réponse à ce que Dewey considère comme le problème central de la vie et de la philosophie modernes. C'est que la philosophie ou en tout cas une grande partie de sa tradition fait elle-même partie du problème et en est un facteur aggravant. Comme nous le verrons, ce n'est pas un hasard si Dewey pointe la présence des dualismes en philosophie comme le signe de la maladie proprement philosophique. Au lieu de clarifier les luttes sociales et culturelles de leurs temps, ces dualismes traduisent les divisions sociales historiquement constituées en oppositions intemporelles censées être fondées dans la nature ultime de la réalité. Ainsi l'opposition ontologique entre théorie et pratique chez les Grecs est non seulement l'expression d'une division sociale entre la classe de loisir et la classe de travail, mais elle est une forme de rationalisation qui vise à soustraire une telle division à toute critique et à tout effort de reconstruction, dans la mesure où une telle distinction sociale correspondrait à une articulation naturelle du réel. Il y a un conservatisme fondamental qui traverse la tradition philosophique compte tenu des conditions de sa naissance, et qui fait que les philosophes ont tendance à vouloir minimiser le choc des changements culturels en se plaçant dans un ordre de vérité au-dessus de tout changement. Puisque la philosophie fait partie du problème, on ne peut espérer le résoudre sans reconstruire la philosophie elle-même, c'est-à-dire sans abandonner cette recherche d'un fondement ontologique qui produit de tels dualismes.

La philosophie est plutôt à concevoir selon Dewey comme un type particulier d'enquête, qu'on pourrait appeler l'enquête culturelle. Comme toute enquête, elle part d'une situation problématique, d'une difficulté qui est sentie plutôt que pensée, et elle cherche à clarifier ce trouble en analysant les données de la situation pour identifier les termes du conflit et en dégager les causes (position du problème et diagnostic). Elle propose de manière corrélée une hypothèse générale qui puisse servir de ligne directrice pour le résoudre (pronostic et thérapie) : « la philosophie doit avec le temps devenir une méthode de localisation et d'interprétation des conflits les plus sérieux qui se produisent dans la vie, ainsi qu'une méthode permettant de projeter des manières d'y faire face : une méthode de diagnostics et pronostics moraux et politiques » (ID, MW4, 13).

Nous pouvons à présent revenir au problème des hommes que Dewey diagnostique comme étant le plus général de la civilisation moderne et dont l'ensemble de sa pensée cherche à clarifier les termes, sous la forme de problèmes philosophiques techniques (qui ne sont pas uniquement « moraux et politiques »), pour en projeter des solutions possibles. Dewey ne cesse d'affirmer que la situation présente de la civilisation est confuse et incertaine car elle est travaillée par une tension entre deux directions possibles qui vont en sens contraire, si bien que nous ne savons pas clairement ce qu'il faut faire ni comment le faire. Il discerne de manière relativement classique pour nous qui le lisons aujourd'hui d'une part des tendances qui dessinent la modernité occidentale, comme la science expérimentale, la biologie darwinienne, l'émergence des sciences sociales, mais aussi la montée de l'individualisme et des régimes démocratiques, la révolution industrielle et technologique, etc., et d'autre part des tendances « pré-modernes » ou « anti-modernes », telles que la religion, l'organisation sociale en classes, le recours à la force, qui sont apparues avant ces autres tendances mais qui informent encore aujourd'hui, de manière consciente ou inconsciente, un certain nombre de nos croyances, de nos habitudes et de nos institutions. L'époque moderne (au sens historique du terme, que l'on fait débuter aux XVIe et XVIIe siècles) est en réalité un mélange composite entre tendances modernes et pré-modernes (au sens classificatoire et normatif). Les deux guerres mondiales lui semblent l'illustration de ce mélange, où les technologies issues de la révolution des sciences modernes sont mises au service d'une manière de résoudre les querelles entre êtres humains instituées plusieurs milliers d'années avant que n'apparaisse quelque chose qui ressemble à une enquête expérimentale. Blâmer la science pour la bombe atomique, c'est isoler de manière artificielle l'activité scientifique de l'ensemble des autres secteurs de la culture, et se tromper par là de diagnostic : le problème moderne de la guerre n'est pas dû à une dynamique interne de la science moderne (par exemple, son « esprit prométhéen »), mais au décalage entre une science moderne qui progresse et une institution sociale qui retarde, si bien qu'il pourra être véritablement résolu non par des restrictions imposées du dehors à l'enquête scientifique, mais par une modernisation de l'organisation sociale et politique, qui permettrait, par exemple, d'abolir la guerre en droit (LW14, 311-334).

Même les tendances typiques de la modernité présentent en réalité de tels mélanges confus de l'ancien et du nouveau, car elles n'ont généralement pu se former et se répandre qu'en se formulant d'abord selon les habitudes de penser anciennes ou en s'appuyant sur les institutions anciennes. C'est cette confusion due à l'adjonction d'éléments étrangers qui est responsable des conséquences dramatiques de ces tendances modernes, et non ces tendances elles-mêmes – ce qui rend l'exercice du diagnostic particulièrement subtil. Ainsi l'individualisme moderne est né ancien, car l'exigence pratique nouvelle d'une plus grande liberté pour les individus contre les différentes autorités sociales de l'époque s'est aussitôt formulée en une opposition théorique anhistorique entre des individus pré-sociaux possédant des droits dits naturels et une organisation sociale ne pouvant alors qu'être artificielle. De même, la doctrine associée du laissez-faire économique et l'hostilité à toute tentative de régulation pour contrôler les conditions sociales de la production et de la distribution des biens ne doivent pas être considérées selon Dewey comme des composantes internes du libéralisme, mais comme des éléments adventices, hérités de l'idée ancienne de loi de la nature à laquelle les phénomènes empiriques (ici, les activités économiques des hommes) sont censés être soumis ; or c'est précisément cette conception ancienne de la loi économique fixe, et non l'idéal nouveau du libéralisme, qui fait obstacle au plein déploiement de la liberté, dont l'effectivité dépend de la régulation de ces conditions sociales (*cf.* LSA, LW11, chap. 2-3). Cela implique que la critique du laissez-faire ne doit pas s'alimenter d'une position anti-libérale ou anti-individualiste, mais d'un libéralisme et d'un individualisme plus radicaux, qui sachent retrouver la force émancipatrice de l'idéal de liberté individuelle sous les institutions qui ne l'ont incarné qu'à moitié, appelant par là une reconstruction interne (des idées d'individu, de liberté, de loi) et non pas une critique externe. La science moderne elle-même n'a su que tardivement abandonner la quête ancienne de certitude en faveur d'une conception relationnelle et opérationnelle des objets physiques, comme en témoigne, jusqu'à la théorie de la relativité, la survivance de la recherche des propriétés absolues de l'espace, du temps, du mouvement ou de la masse et qui montre que Galilée ou Newton n'avaient pas encore réalisé toute la nouveauté de leur propre méthode d'enquête, leurs théories retardant par rapport à leurs propres pratiques (*cf.* QC, LW4, chap. 5). La science a valeur ici de modèle historique pour les autres secteurs de la culture, car son progrès témoigne d'une désambiguïsation progressive du nouveau vis-à-vis de l'ancien au sein même de son propre développement, dans un processus d'autocorrection permanente. Quant aux dualismes typiques de la philo-sophie moderne, comme celui entre la nature et la culture, il ne faut pas en blâmer la modernité et chercher à les dépasser dans une forme de pensée post-moderne, car ils sont plutôt les reliquats non expurgés d'un mode de pensée pré-moderne réagissant par la défensive au choc des révolutions modernes et notamment scientifiques. Il y a déjà, dans la science moderne, et pourvu qu'on sache en dégager la nouveauté, de quoi dépasser ces dualismes en allant les déraciner bien en-deçà de leur horizon historique moderne, précisément dans une quête de certitude, qui, pour avoir été pleinement formulée dès la naissance de la philosophie en Grèce, précède de loin ces dualismes qu'on associe à la pensée moderne (si bien que le véritable arrachement à la pensée dualiste caractéristique des temps modernes ne viendra pas non plus d'un retour aux Grecs ou à la philosophie médiévale : ni postmodernité ni néo-antiquité).

C'est pourquoi Dewey est toujours soucieux de réviser et reconstruire le vocabulaire philosophique qu'il emprunte à la tradition, de peur que les concepts qu'il emploie charrient encore implicitement ce dont il s'agit de se déprendre. La philosophie donc, comme la civilisation, est en état de transition depuis l'époque moderne, hésitant entre l'ancien et le nouveau. Les fonctions thérapeutique et constructive de la philosophie au sein de la civilisation s'appuient alors sur cet exercice de clarification et de discrimination des tendances : il s'agit de montrer le caractère nocif des tendances prémodernes, de purger les tendances modernes de leurs éléments prémodernes, enfin de systématiser ces tendances pour faire résolument basculer la civilisation d'un côté plutôt que de l'autre en donnant une direction cohérente et unifiée à la pensée et à la conduite. Bref, il s'agit d'achever la modernité, qui n'a pas pu déployer toutes ses promesses en raison de la croûte durcie des croyances, coutumes et institutions passées qui leur ont fait directement obstacle ou dans lesquelles elles ne se sont qu'imparfaitement réalisées, ayant d'abord dues se présenter sous des habits d'emprunt : la modernité est une tâche qui est encore devant nous.

Ce problème, jusqu'ici présenté dans sa dimension humaine et culturelle, et qui à ce titre demeure aussi vague que les dénominations de « moderne » et « pré-moderne », a reçu de la part de Dewey un resserrement qui à la fois en précise les termes et l'érige en un problème spécifique de philosophie – il s'agit même à ses yeux, et de manière cohérente, du problème central de la philosophie moderne, reflétant la division fondamentale de la vie moderne : « le problème central se situe au niveau de la relation qui existe entre les croyances concernant la nature des choses que l'on doit à la science naturelle et les croyances concernant les valeurs – en utilisant ce terme pour désigner tout ce qui est considéré comme possédant une autorité légitime pour diriger la conduite » (QC, LW4, 204). C'est cette discordance globale, source de nombreux conflits locaux, entre ce qui fait autorité en matière de croyance cognitive au sujet du monde, à savoir l'enquête scientifique, et ce qui fait autorité en matière de croyance morale sur ce qu'il faut faire (entendue au sens très extensif de « moral », qui concerne la vie spécifiquement humaine par rapport à ce qui est purement physique, et non au sens plus étroit d'éthique, *cf.* UPMP, 151) qui représente à la fois le « scandale intellectuel » contre lequel a réagi Dewey et la motivation de la « tendance directrice » de sa philosophie (LW5, 156, LW14, 63). Les principes orientant la conduite des hommes sont laissés à l'impulsion du moment ou à l'habitude des traditions bien établies, quand ce n'est pas l'intérêt de classe ou le jeu des circonstances ; quand on cherche à les justifier, c'est généralement de manière dogmatique en recourant à des autorités supérieures qui cherchent à garantir absolument le bien-fondé de ces valeurs et de ces normes, que ce soient les révélations de la religion ou les intuitions et déductions de la métaphysique – alors que la science, dans le domaine des faits de la nature, a développé une méthode intelligente et qui ne fait appel à aucune autorité extérieure. C'est précisément parce que la morale retarde intellectuellement par rapport à la science et que, réciproquement et corrélativement, la science a été empêchée de déployer tous ses effets pratiques dans la vie humaine – en raison d'obstacles internes et externes, de la restriction de son champ d'objets et du détournement de ses résultats – que la civilisation moderne est divisée et confuse : les hommes, dans leurs modes de vie, ont subi plus qu'ils n'ont contrôlé les effets sociaux d'une révolution scientifique ayant pénétré tous les aspects de leur vie individuelle et collective par le biais des bouleversements industriels et technologiques, faute d'avoir cherché à réajuster activement leurs valeurs et leurs fins à ces nouveaux moyens de connaître et d'agir. Ils ont trouvé dans la science et ses applications techniques et industrielles de nouveaux moyens pour d'anciennes fins (comme l'exploitation des hommes, passée des mains des propriétaires terriens à celles des industriels capitalistes), comme s'il n'y avait pas dans la manière de penser scientifique de quoi produire de nouvelles fins et de nouvelles valeurs : la leçon qu'il faudrait tirer de la science n'est pas seulement technique, elle doit être « morale » (DE, MW9, 292). Le diagnostic d'un tel dualisme entre la science et la morale, qui se décline selon les champs d'interrogation et les niveaux de généralité en dualismes de la nature et de l'homme, de la connaissance et de l'action, des moyens et des fins (ou encore, comme l'a rappelé Putnam, des faits et des valeurs) précise alors la thérapie proposée par Dewey.

Il préconise de faire pour les questions morales ce que les philosophes des XVIe et XVIIe siècles ont fait pour les questions relatives aux connaissances de la nature, reprenant et achevant ainsi leur tâche. Il s'agit d'unifier la vie moderne en intégrant les deux corps de croyances, cognitives et pratiques, par l'extension de la méthode expérimentale, qui a fait le succès des sciences de la nature, à la résolution des problèmes de la conduite humaine. La morale a encore à faire sa révolution, qui ne peut consister selon Dewey qu'à prolonger et approfondir la révolution scientifique moderne, si bien qu'on peut supposer que le point d'aboutissement d'un tel programme serait une science intégrée, naturelle et normative de l'homme. Intégrée parce qu'elle ne peut pas se réduire à un aspect seulement de la conduite humaine, comme le fait par exemple la sociologie comme discipline académique distincte de l'économie, de la linguistique ou de la pédagogie, de même que l'évolution des sciences de la nature fait apparaître de plus en plus un tissu continu d'enquêtes là où, sous l'influence de la pensée classificatoire ancienne, on voyait auparavant des disciplines bien distinctes et découpées. Naturelle ensuite parce que, s'édifiant dans la continuité des méthodes et des résultats des sciences de la nature, elle ne peut, sans risque de reconduire le dualisme qu'elle cherche à surmonter, se développer en sciences humaines séparées, voire en « humanités », qui isoleraient l'homme du reste de la nature : ce n'est pas parce que la science de l'homme n'est pas physique qu'elle ne doit pas être naturelle. Normative enfin, parce que, compte tenu de l'origine d'une telle science, sa fonction n'est pas de proposer une représentation neutre des faits humains, projet qui reconduirait sous une autre forme ce même dualisme, mais de critiquer et de reconstruire continument les valeurs et fins des hommes, afin de contribuer au progrès social.

La participation spécifique du philosophe à cette entreprise, qui ne peut être que collective, est de nature intellectuelle et de portée générale : il s'agit de lever les obstacles théoriques qui rendraient une telle entreprise impossible en principe et de favoriser et cultiver sur les questions humaines, et notamment auprès du public et des nouvelles générations, un type d'attitude intellectuelle générale qui pourra se traduire par la suite en techniques d'enquêtes spécialisées compte tenu des problèmes et objets particuliers examinés (LW16, 380). En raison de ces caractères, la proposition de Dewey reste en grande partie programmatique, et l'on peut se sentir parfois frustré d'en rester à un niveau trop vague dans la détermination, par exemple, des politiques sociales concrètes à recommander. Mais c'est le prix à payer de ce mode prospectif et expérimentaliste de pensée que Dewey entend promouvoir et étendre, et qui, sous peine de contradiction, ne peut préjuger ni des résultats de l'application de la méthode ni même des types spécifiques de procédures d'enquête particulières. La méthode est précisément ce qu'il faut rechercher : il s'agit d'une « hypothèse plutôt que d'un fait établi », « à mettre à l'épreuve par l'action » (QC, LW4, 155). Le premier pas dans cette recherche, celui qu'il devient enfin possible de faire lorsque les obstacles sont écartés, est celui qui importe le plus à ses yeux : il consiste à adopter, au-delà des croyances substantielles en matière pratique et au-delà même des procédures d'enquête spéciales, une attitude intellectuelle générale en faveur de l'expérimentation comme moyen et une disposition morale générale en faveur des fins qui sont communes et partagées. La science même se définit avant tout par sa méthode et non par son objet ou par ses résultats (LW5, 269 ; LW6, 429), et lorsqu'on dégage de cette méthode l'attitude générale qu'elle demande de la part du scientifique et qu'on l'applique aux problèmes de la conduite, alors la science devient philosophie (DE, MW9, 334). Tout l'effort philosophique de Dewey est là : dégager cette attitude expérimentale qui est déjà à l'œuvre dans nos actes de connaissance et nous convaincre de l'adopter dans la résolution des conflits de valeur. Il n'en reste pas moins que, sur un secteur précis mais cardinal de la culture, il a lui-même cherché à rendre opératoire ce projet général et contribué personnellement et directement à l'élaboration et l'application d'une telle enquête morale. En effet, puisque le moyen préalable le plus général pour réaliser l'ajustement des deux ensembles de croyances est dans la formation de telles attitudes générales, l'éducation est le pivot qui permet d'intégrer et de rendre continues dans les faits, et pas seulement dans la pensée, les exigences de la science et celles de la morale. C'est d'ailleurs dans un même mouvement qu'il fallait à ses yeux reconstruire la théorie de l'éducation pour qu'elle devienne une science expérimentale de l'homme appuyée sur des écoles laboratoires et réformer l'école pour qu'elle puisse devenir le lieu où sont cultivées cette attitude expérimentaliste et cette disposition démocratique, empêchant les habitudes anciennes de penser et d'agir de se transmettre de génération en génération.

Philosopher dans un monde incertain

Ce problème et ce projet animent et finalisent l'ensemble des thèses et concepts de Dewey, qu'on ne peut pour cette raison isoler les uns des autres sans perdre de vue la part de solution qu'ils apportent, sans perdre en réalité de vue le fait qu'ils sont proposés comme des solutions possibles à ce problème. Avant d'en venir à l'examen de ces thèses, nous pouvons approfondir le diagnostic proposé par Dewey en revenant sur la manière dont il rend compte de l'origine et de la fonction de la philosophie. La maladie dont souffrent la philosophie et la civilisation est du type névrose : pour en guérir, il faut en comprendre l'histoire. Dewey propose ainsi une généalogie permettant de comprendre pourquoi les hommes en sont venus à s'empêtrer dans les problèmes artificiels de la philosophie moderne qui bloquent la voie de l'extension de l'enquête, une généalogie qui vaut donc en même temps comme une critique des dualismes typiques de la modernité et, au-delà, du type d'attitude qui les a engendrés.

Ce grand récit de la modernité se déroule en quatre stades, mais il est sous-tendu par une situation humaine fondamentale qui est co-présente à chacune de ces époques. Un homme se met à réfléchir lorsqu'il est confronté à une situation problématique particulière – obstacle sur sa route, inadaptation des moyens et des fins, conflit d'intérêt, contradiction d'idées, etc. –, mais le *problématique* est en réalité un trait constitutif de toute situation humaine : « l'incertain, l'imprévisible, l'incontrôlable, l'hasardeux » font partie du monde empirique (EN, LW1, 43). Cette incertitude inéliminable de l'expérience a deux visages : le danger et le risque. Le monde est plein de ressources, mais il est également plein de périls : maladies, accidents ou conflits menacent à tout moment de faire irruption dans l'existence la plus protégée. Et même si nous considérons les bienfaits que la vie pourvoit, nous ne sommes jamais totalement assurés de les obtenir ou de les conserver, car l'action qui le permettrait est marquée par l'incertitude de son résultat.

Même l'action la plus minutieusement planifiée et la plus consciencieusement exécutée peut échouer – en raison des circonstances particulières de situations individuelles qui ne se répètent jamais, de forces étrangères qui font irruption dans la situation ou de la faiblesse et des limites de l'agent. La contingence de l'environnement et l'incertitude de l'action sont liées au changement, que l'individu subit ou dont il est l'agent, et la reconnaissance par Dewey du changement comme trait constitutif de l'univers le situe dans la lignée de Peirce et James qui admettaient, contre la pensée déterministe, un univers inachevé, encore en train de se faire, à l'avenir ouvert. Le problème fondamental de l'homme est donc de diminuer autant que possible l'incertitude de l'expérience, car une telle incertitude signifie que le malheur et la défaite sont toujours possibles. Même si notre vie à certains égards paraît plus protégée que celle de nos ancêtres, les dangers et les risques n'en sont pas pour autant éliminés, d'autant que les moyens mêmes que l'homme a élaborés pour réduire cette incertitude ont pu créer de nouvelles menaces. L'incertitude de l'expérience fournit ainsi le contexte anthropologique transhistorique qui permet de comprendre les quatre grandes périodes que Dewey propose pour comprendre l'histoire de la philosophie, dans la mesure où cette histoire est précisément celle des différentes réponses que les hommes ont inventées pour faire face à cette situation problématique fondamentale.

Conformément à son contextualisme et à son anti-intellectualisme, Dewey situe l'origine de la philosophie dans une situation pré-philosophique qui n'est pas intellectuelle. La philosophie est une forme culturelle non pas issue d'un désir naturel de savoir, mais d'un conflit

culturel à régler, qui est né des premières tentatives par
lesquelles les hommes ont cherché à réduire l'incertitude
de leur existence en rendant plus sûrs les résultats de
leurs actions. S'inspirant de l'anthropologie de son
temps, Dewey distingue deux grands types de solution
que les « hommes primitifs » auraient élaborés, chacun
correspondant à une grande « attitude » possible (QC,
LW4, 11). La première peut être qualifiée d'esthético-
religieuse : elle consiste à considérer l'ensemble des
éléments et facteurs étrangers susceptibles d'avoir une
influence sur les résultats de sa propre action comme des
forces et puissances mystérieuses dont il faut s'assurer les
faveurs. Se dessine alors un type d'action très spécifique
qui devient une condition des autres activités : le rite ou
le culte, permettant d'obtenir ces faveurs qui augmentent
les chances de succès et diminuent les risques de défaite
dans les activités quotidiennes. Ces actions spéciales
sont dramatisées, stimulant l'imagination et les émotions
collectives par le chant, la danse, la déclamation, ce qui les
sépare encore plus des activités ordinaires et leur confère
un caractère sacré (*cf.* RP, MW12, chap. 1). Un ensemble
de croyances se développe autour de ces pratiques, qui
vont être socialement valorisées selon Dewey dans la
mesure où ces croyances et pratiques définissent, dans ce
contact avec les forces mystérieuses supérieures, le sens
et la valeur des activités quotidiennes qui forment la vie
du groupe. Une organisation sociale lui correspond, qui
place les prêtres-savants dépositaires de ces croyances
sur les valeurs fondamentales de l'existence au dessus
des artisans et travailleurs. L'autre attitude est justement,
pourrait-on dire, « pratico-intellectuelle ». Les besoins
de l'existence quotidienne nécessitent une attention aux

faits du monde et aux séquences causales qui sollicite les capacités d'observation et d'inférence. Le rituel de la chasse et les peintures rupestres ne remplacent pas le savoir-faire du pisteur ni l'habileté du tailleur de silex. Un autre type de croyances portant sur les faits et sur les relations empiriques de causes à conséquences se forme simultanément autour de ces activités techniques, comme autre manière de procéder pour diminuer l'incertitude de l'action et augmenter la maîtrise du cours de l'expérience. Mais ces activités, étant ordinaires et ne bénéficiant ni de l'intensification esthétique ni de la profondeur sacrée des actions rituelles, sont socialement moins valorisées. La première distinction qui semble avoir structuré la pensée et la conduite des êtres humains d'après Dewey est ainsi celle de l'extraordinaire et de l'ordinaire (UPMP, 4), qui intègre l'ensemble des oppositions que nous venons de voir (action symbolique/action pratique ; croyances morales/croyances empiriques ; imagination-émotion/ observation-inférence ; sacré/profane ; noble/bas). Les deux attitudes correspondantes sont la disposition à la vénération et à la dépendance envers des forces supérieures d'un côté et l'attitude de contrôle et de confiance en soi de l'autre. La distinction entre ces deux types d'activité et d'attitude est bien sûr poreuse (la magie par exemple correspond à une volonté de contrôle des puissances supérieures), mais elle est suffisante d'après Dewey pour constituer un germe de conflit entre les deux corps de croyances. Lorsqu'un point de tension fut atteint, la philosophie a émergé en venant retravailler cette distinction préalable de l'ordinaire inférieur et de l'extraordinaire supérieur.

Le deuxième stade historique correspond à la philosophie antique et médiévale. La philosophie naît d'une opération de médiation dans ce conflit des croyances, qui la place dans une situation double vis-à-vis des croyances morales traditionnelles. Elle apparaît d'abord comme une critique de ces croyances : les traditions sociales, comme les mythes qui les justifient dans l'imagination et l'émotion, sont incapables de véritablement fonder ces croyances. L'acte de naissance de la philosophie est donc, du point de vue de la méthode, de substituer la raison à la tradition, à l'imagination et à l'émotion, comme moyen de justifier ces croyances socialement valorisées qui structurent l'existence personnelle et collective en lui donnant sens et valeur. Les procédures rationnelles de justification, calquées sur le modèle que fournit la science nouvelle de la géométrie, manifestent leur supériorité dans la mesure où les croyances qu'elles fondent ne sont pas seulement socialement acceptées mais nécessairement acceptables, et valables universellement et non pas pour telle ou telle Cité particulière. Mais cette grande différence dans la forme et la méthode de la justification entre philosophie et croyances morales traditionnelles ne doit pas faire croire que la philosophie s'est construite en rupture avec la tradition : si la forme est révolutionnaire, le contenu et la visée de la philosophie sont fondamentalement conservateurs. Contre la menace grandissante de croyances empiriques qui avaient pour elles la confrontation quotidienne avec les faits, la fonction de la philosophie a été de purifier les croyances morales de leur éléments émotionnels et imaginatifs et de les retraduire dans un discours rationnel pour mieux en garantir le contenu et la portée, en les justifiant sur un fondement plus certain que la tradition : « La métaphysique est un substitut de la coutume comme source et garantie des valeurs morales et sociales supérieures – tel est le thème conducteur de la philosophie classique en Europe » (RP, MW12, 89).

La métaphysique s'est élaborée sur la distinction initiale de l'ordinaire et de l'extraordinaire en la portant à l'absolu. Puisque l'expérience est incertaine, les philosophes, dans la reprise de l'attitude esthético-religieuse, ont postulé un ordre de réalité idéal, parfait et harmonieux, supérieur à celui des expériences et des activités pratiques ordinaires, où le péril est écarté de droit et l'échec absent par principe : tout ce que les hommes chérissent et valorisent dans leur existence, mais qui est toujours fugace et jamais sans mélange, se trouve préservé pour l'éternité dans cet ordre de réalité supérieure qui n'est pas affecté par le changement. Cette solution extrême consiste, pour diminuer les incertitudes de l'expérience, à sortir de l'expérience même, sous prétexte que seule une certitude absolue peut garantir les valeurs sociales et morales de l'existence (certitude qu'on croyait alors être indiquée par le modèle mathématique). Il en découle les dualismes de la philosophie « classique » : 1) un dualisme ontologique entre deux ordres d'être dont seul l'ordre supra-empirique constitue la « réalité » véritable, l'autre renvoyant au monde des « apparences », irrémédiablement affecté d'un manque ontologique (Platon). Si les changements empiriques possèdent un certain degré de réalité, c'est dans la mesure où ces changements sont ordonnés à une fin qui leur donne une forme rationnelle et qui, elle, ne change pas (Aristote). Ainsi les phénomènes naturels trouvent leur réalité et leur valeur dans l'actualisation de cette fin, comme la croissance des enfants est ordonnée à la réalisation de l'essence formelle de l'espèce humaine comme point culminant de leur développement ; 2) un dualisme épistémologique correspondant au dualisme ontologique : le monde empirique changeant ne peut faire l'objet que de « croyances » ou d'« opinions », jamais certaines, alors que les réalités supérieures, étant fixes et immuables, font seules l'objet d'une véritable « connaissance », universelle et nécessaire. Il s'ensuit une hiérarchie des sciences, depuis celles qui dégagent les formes fixes et immuables opérant au sein des phéno-mènes naturels (physique) jusqu'à celles qui étudient ces formes pour elles-mêmes (métaphysique, théologie) ; 3) un dualisme pratique, car à l'« action » qui introduit toujours plus de changements dans le monde changeant, qui fait intervenir le corps, s'équipe d'outils et porte sur des choses matérielles, s'oppose l'activité pure de l'intellect qui contemple les réalités fixes, activité qui n'agit pas mais qui est seule digne d'être appelée « acte » ou « en acte », ne connaissant aucune indétermination ; 4) un dualisme axiologique enfin entre les plaisirs des sens et les biens « naturels » (la santé, la sécurité matérielle, etc.) procurés par les activités pratiques ordinaires et les biens supérieurs voire le Bien suprême, seuls méritant d'être appelés proprement « moraux » car donnant seuls une valeur certaine et ultime à l'existence. Ce dernier dualisme est en réalité la raison de tous les autres, puisque la fonction de la philosophie a été d'apposer un certificat de garantie intellectuelle à la réalité ontologique des valeurs sociales et morales, en montrant que le bien véritable ne fait qu'un avec la réalité ultime telle que la connaissance la plus certaine nous la découvre.

Tel est même le dispositif qui permet de définir la métaphysique par la triangulation qu'elle effectue entre l'être ultime, la connaissance certaine et les valeurs supérieures : sera métaphysique toute philosophie qui soutient, d'une manière ou d'une autre, que les mêmes réalités qui font l'objet d'une connaissance certaine est par là et simultanément la source absolue de l'autorité morale. L'Être pour fondement, la Raison pour moyen, le Bien pour but : telle est la devise de la philosophie classique. La philosophie médiévale a naturellement poursuivi un tel dispositif en soutenant que l'Être suprême, qui fait l'objet de la science la plus haute, fournit la fin ultime devant orienter la conduite de l'existence, tout en préparant les dualismes modernes par l'opposition du naturel au surnaturel. Par la mise en place de ce dispositif de la métaphysique lié à la quête de certitude dans un monde incertain, Dewey rend compte de plusieurs thèses traversant la philosophie classique et dont la présence chez certains philosophes modernes est le signe d'une rémanence de la pensée pré-moderne – autant de thèses qu'il s'efforcera donc au contraire de critiquer et d'extirper : 1) la séparation de la connaissance et de l'action qui a obéré depuis l'Antiquité la pratique de la connaissance scientifique comme la connaissance de la pratique morale (dualisme de la théorie et de la pratique) ; 2) la thèse que la seule connaissance infailliblement certaine est, en son fondement, de type contemplatif, saisie immédiate, intuition, « accointance », relevant de l'avoir plutôt que du faire, car pour être l'objet d'une connaissance véritable la réalité doit être fixe, si bien qu'une telle connaissance doit être obtenue indépendamment de toute opération possible sur l'objet à connaître (théorie de la connaissance spectatrice et mythe de la connaissance immédiate); 3) l'idée qu'il existe un type de connaissance spécifiquement philosophique, distingué de la connaissance de sens commun ou de la connaissance scientifique et plus fondamental qu'elles car nous faisant accéder à la réalité telle qu'elle est en elle-même; et qu'à ce moyen correspond une fin qui est de fournir un fondement absolu aux valeurs (fondationnalisme).

Du point de vue de l'histoire de la philosophie, on comprend en quoi l'événement unique le plus révolutionnaire est selon Dewey l'apparition des sciences expérimentales aux XVIe et XVIIe siècles. Car cette révolution défait le dispositif métaphysique de garantie des valeurs en rompant l'équilibre bimillénaire entre ontologie, épistémologie et morale. Le conflit entre science et religion auquel on réduit souvent ce bouleversement n'en est en vérité qu'un des aspects. Ce qui déclenche la crise est le divorce entre les sciences physiques et la métaphysique. Alors qu'auparavant la science physique et la métaphysique avaient un même objet, la réalité ultime telle qu'elle était pour la première à dégager au sein de l'existence empirique naturelle et pour l'autre à contempler dans son ordre d'existence propre voire surnaturel, la nouvelle physique semble désormais donner une image de la nature en discontinuité complète avec le règne des valeurs et des fins. Avec la critique des formes considérées comme des qualités occultes, les changements naturels ne sont plus pensés comme ordonnés et orientés par des fins idéales qu'ils devraient réaliser pour accomplir leur nature et atteindre leur pleine réalité. La nature ne connaît plus aucun mouvement d'aspiration vers un quelconque bien ni même de préférence pour le bien : il n'y a plus de mouvement naturel ou forcé, mais seulement des mouvements indifférents de particules se comportant selon des lois de causalité mécanique. Du point de vue panoramique que prend Dewey sur la culture, une telle transformation coupe court à la justification cognitive classique des valeurs, car la science empirique montre que la nature ne présente pas les qualités morales que la science métaphysique attribuait pourtant à la réalité. Ne s'alignant plus sur la métaphysique, la physique prive ainsi les croyances dans les valeurs et fins des hommes de tout soutien dans la nature. C'est la revanche de l'artisan sur le prêtre-philosophe.

Le conflit entre croyances morales et empiriques ayant été ainsi ressuscité, la philosophie moderne – troisième stade – naît en réponse à ce nouveau contexte culturel, dans un nouvel effort de médiation mais toujours dans un réflexe de défense et de conservation des valeurs sociales et morales face à ce qui est perçu – indûment selon Dewey – comme une menace issue de la science. Ne pouvant refuser les résultats de la science moderne et ne voulant sacrifier l'héritage moral et religieux de la civilisation, la philosophie moderne, dans sa tradition dominante, a résolu la question en instaurant une séparation stricte des domaines, empêchant certes que des considérations d'ordre religieux n'empiètent sur la liberté d'enquête scientifique, mais interdisant par là même que les résultats et les méthodes des sciences de la nature ne viennent inquiéter les fins et les valeurs humaines ainsi mises à l'abri. Cette solution a donc consisté à confiner l'enquête scientifique à la seule matière, en réduisant la nature au physique, et à refonder la morale sur l'esprit

placé en dehors et au-dessus d'une nature ainsi réduite.
Que la science s'occupe de la nature et la philosophie de
la nature humaine, et les valeurs seront bien gardées (RP,
MW12, 265-266). C'est un tel règlement qui a donné
lieu à tous les dualismes typiques de la pensée moderne :
dualisme entre la philosophie et la science, entre l'homme
et la nature, entre le spirituel et le matériel, entre l'âme
et le corps, entre le sujet et l'objet, entre l'intérieur et
l'extérieur, entre les raisons et les causes – dualismes
qui animent le thème récurrent d'un homme double, à la
fois sensible et intelligible et qui doit orienter sa conduite
d'après sa nature intelligible s'il veut agir conformément
à sa dignité morale. Dewey peut ainsi rendre compte
du tournant bien connu de la philosophie moderne, qui
substitue l'analyse du sujet à l'analyse de l'être comme
philosophie première : si le *cogito* est l'acte de naissance
de la philosophie moderne, c'est que la quête de certitude
trouve un nouveau fondement dans l'intériorité d'un
esprit séparable du monde physique plutôt que dans un
autre monde à la réalité supérieure. Ce sera désormais un
lieu commun de la philosophie moderne que de fonder
la liberté morale dans les propriétés d'un esprit soustrait
au déterminisme de la matière. Il ne s'agit bien sûr que
d'un schéma d'ensemble, en réalité d'ailleurs dominé
par la figure de Kant comme sommet de cette résolution
par répartition des domaines de légitimité, permettant de
mettre en lieu sûr les idéaux moraux ainsi soustraits au
jugement du tribunal de l'expérience. Mais on pourra lire
dans le chapitre 3 de *The Quest for Certainty* différentes
figures de la philosophie moderne où s'opère selon
diverses recettes ce mélange du moderne et du pré-
moderne.

Quoiqu'il en soit de ces péripéties et de ces tentatives d'accommodements, les problèmes artificiels que de tels dualismes ont créés sont dus au maintien des prémisses anciennes. La première erreur a été de conserver la conception antique de la connaissance dans l'interprétation même des résultats de la nouvelle science. Au lieu de prendre en considération le caractère fondamentalement expérimental et donc opérationnel de la connaissance scientifique, la thèse que la science dévoile une réalité antécédente à toute action a été maintenue, si bien que la conception d'une nature dépourvue de qualités et de valeurs a été considérée comme une image de la réalité ultime venant rivaliser avec la réalité morale des valeurs. Aux yeux de Dewey, c'est parce que l'interprétation moderne de la science moderne ne s'est pas affranchie des postulats de la pensée pré-moderne qu'elle n'a pas su voir la nouveauté de la méthode expérimentale et par là a considéré la science comme une rivale et donc comme une menace sur la certitude des valeurs, au lieu d'y voir une ressource pour augmenter la sûreté de l'action. La seconde erreur a été de maintenir cette autre prémisse que la recherche de la sécurité doit passer par la quête cognitive de la certitude morale plutôt que par la recherche « artisanale » de la sûreté des biens dans l'expérience et par l'action. Substituer l'esprit au cosmos n'a ainsi été qu'une manière de continuer le projet fondationnaliste classique. La troisième erreur a été de maintenir l'idée que la philosophie possède un certain type très spécial de connaissance lui permettant de saisir la réalité en elle-même, si bien que le divorce de la physique et de la métaphysique a alors constitué la philosophie non plus en couronnement mais en rivale de la science, l'amenant à proclamer avoir en sa possession un moyen de connaître la réalité (notamment de l'esprit) différant en nature des méthodes ordinaires de la science empirique ou du sens commun.

Comme un tel règlement n'était qu'une trêve entérinant la séparation plutôt qu'une véritable tentative d'intégration, Dewey croit percevoir les signes d'un quatrième et dernier stade. Il l'appelle en tout cas de ses vœux et il entend y contribuer, en cherchant à extirper les vieilles prémisses qui empêchent la pensée moderne de se développer pleinement, en essayant de réinterpréter la connaissance physique dans ses termes propres, et en montrant comment il serait possible d'étendre par là le mode de penser expérimental aux valeurs et fins humaines. De même que l'origine de la philosophie a été liée à la nouvelle science mathématique comme modèle de certitude et la philosophie moderne à l'apparition des sciences physiques expérimentales, la philosophie se reconstruira, d'après Dewey, sous l'influence des sciences de son temps. Les signes qui lui font espérer ce changement proviennent de l'apparition et du développement de ce qu'on pourrait appeler les « sciences intermédiaires », qui viennent combler le fossé creusé entre le physique et le mental. C'est la biologie, bien sûr, et notamment le darwinisme qui étend du monde de la matière au monde des vivants la lutte contre les formes fixes et permet ainsi d'espérer une transition continue des nouvelles manières de penser jusque dans les questions proprement humaines : l'influence de Darwin sur la philosophie tient en effet au fait qu'il permet de décoller le nouvel esprit scientifique de la matière inanimée auquel on avait voulu le confiner, montrant par là même qu'un tel esprit n'est pas nécessairement lié à un objet particulier si bien qu'il pourrait s'étendre, au-delà de la matière et au delà même de la vie, à l'esprit et à la société (ID, MW4, 7-8). La psychologie biologique, telle que James notamment l'illustre dans la foulée de Darwin, mais aussi l'émergence des sciences sociales, avec en tête la psychologie sociale, sont également autant d'indications d'une volonté de retrouver ces continuités perdues entre conscience et environnement, esprit et corps, nature humaine et culture, sujet individuel et institution sociale. En philosophie enfin, le pragmatisme de Peirce et de James a présenté une première tentative d'étendre la méthode d'expérimentation scientifique et la logique de l'enquête aux questions traditionnelles de la philosophie, et notamment, chez James, aux interrogations sur les valeurs morales et religieuses (LW8, 11).

Expérience, connaissance et valeur : la réponse de Dewey

Au triangle métaphysique entre la réalité ultime, la connaissance certaine et le Bien suprême, Dewey entend substituer le triangle pragmatiste de l'expérience, de l'intelligence expérimentale et des biens humains (son slogan pourrait être : l'expérience comme point de départ, l'attitude scientifique comme moyen, et la démocratie pour idéal). Pour légitimer les principes de la conduite dans un monde incertain, il s'agit certes dans les deux cas de mettre la science au service de la direction de la vie. Mais les relations entre les sommets diffèrent tout autant que leur nature : dans un cas, il convient d'accepter comme Bien nécessaire les propriétés de la réalité ultime que découvre une forme de connaissance théorique et certaine ; dans l'autre, de partir des multiples biens de l'expérience humaine pour les transformer, par le moyen d'une intelligence expérimentale et pratique, en valeurs désirables. Dans le premier cas, le véritable Bien existe de manière antécédente, mais il est occulté par les biens apparents de l'existence ordinaire si bien qu'il exige un dévoilement que seule procure en dernière instance une forme de connaissance infaillible et non empirique (l'intuition métaphysique). Dans le second, les biens véritables sont à construire à partir des biens empiriques donnés, processus sans cesse à reprendre et qui exige une forme de mise à l'épreuve intelligemment dirigée (l'enquête scientifique).

Pour tracer ce nouveau triangle, il faut néanmoins pouvoir relier les trois points de manière continue. Partant de l'expérience naturelle des hommes, il faut pouvoir montrer comment émergent la pensée et la connaissance, mais également les biens et les fins qui orientent leur conduite. Puis, repartant de la connaissance, il faut encore achever la figure en montrant que le même type de connaissance qui porte sur les phénomènes empiriques naturels doit pouvoir opérer sur les questions de valeur. C'est la continuité de ce tracé que les dualismes de la philosophie moderne empêchent de concevoir et de réaliser. Nous verrons que Dewey, en chaque sommet de ce triangle, cherche à surmonter un dualisme fondamental correspondant qui interdirait *a priori* de le relier aux autres. Sa théorie de l'expérience a pour objectif de lever le dualisme entre l'homme (l'expérience) et la nature qui empêcherait l'attitude expérimentale de s'appliquer aussi bien au premier qu'à la seconde, en faveur au contraire d'un naturalisme humaniste (empiriste). Sa théorie de la connaissance est chargée de surmonter le dualisme entre la théorie (la connaissance) et la pratique qui ferait obstacle à l'utilisation d'une telle connaissance pour la régulation des pratiques, en faveur au contraire d'un pragmatisme instrumentaliste. Sa théorie des valeurs vise enfin à dépasser le dualisme entre les fins (les valeurs) et les moyens qui soustrairait le règne des valeurs à leur connaissance par des moyens empiriques et à leur régulation par des moyens pratiques, en faveur au contraire d'un idéalisme pratique.

DE LA NATURE À L'EXPÉRIENCE

Continuité versus dualisme

Le dualisme entre la nature et l'homme a pris plusieurs formes au cours de l'histoire de la pensée moderne : celle de la nature et de la culture (de l'animal et de l'homme, de l'instinct et de la règle, du vivant et du conscient); celle de l'esprit et du corps (de la pensée et de l'étendue, du spirituel et du matériel, du libre et du déterminé); celle enfin de la conscience et du monde (du sujet et de l'objet, de l'intérieur et de l'extérieur). Dans tous les cas, les propriétés de l'esprit humain ont servi d'opérateurs de disjonction permettant d'isoler l'homme du reste de la nature. Un dualisme se présente en effet comme un couple de concepts présentant une exclusivité logique : pour un dualiste, une même propriété ne peut être à la fois mentale et physique par exemple. Cette exclusivité logique repose sur une division ontologique : l'opposition conceptuelle est fondée ontologiquement car elle est censée correspondre à une division dans la réalité même, elle capture une articulation naturelle du réel. Pour un dualiste, il y a ainsi une véritable différence de nature entre l'homme et l'animal, alors qu'il n'y a qu'une différence de degré entre le chimpanzé et l'huître. Compte tenu de l'objectif traditionnel de garantir les valeurs sur la connaissance certaine de la réalité ultime, il n'est guère étonnant que ces différences de nature soient en même temps pensées comme des différences de valeur, si bien qu'un des termes de l'opposition conceptuelle est posé comme supérieur à l'autre. La philosophie moderne, dans ses hiérarchies dominantes, a bien entendu systématiquement valorisé le terme associé à l'esprit.

Dewey n'a rien contre les opérations de distinction, de classification et d'évaluation : ce sont des outils indispensables au traitement intelligent des problèmes. Il ne pense certainement pas qu'il faudrait se passer de toute distinction conceptuelle et retourner communier mystiquement avec une réalité qui serait fondamentalement une, en-deçà de toute pensée et de tout langage. Mais il cherche à prévenir l'abus consistant à prendre ces distinctions pour des dualismes, c'est-à-dire à convertir des instruments d'analyse des situations en réalités antécédentes ultimes. Deux problèmes majeurs attendent ainsi le dualiste. Le premier est épistémologique : puisque les deux termes distingués sont séparables en droit malgré leur union ou leur coordination constatée dans l'expérience (tels l'âme et le corps, unis dans l'existence mais séparés en essence), on ne comprend plus comment est tout simplement possible cette relation qui est pourtant bien réelle. Au lieu d'éclairer l'expérience, comme devrait le faire tout instrument conceptuel, l'introduction du dualisme l'a obscurcie. L'autre problème est moral : la pensée dualiste est par nature conservatrice. Puisque ces distinctions conceptuelles sont censées être fondées en nature, elles sont fixes et ultimes : il est impossible de les amender si elles posent problème voire de les éliminer si elles font obstacle au progrès de la pensée et de la conduite. Quoi que l'expérience puisse apporter de nouveau, le dualisme ne pourra être remis en cause dans sa vérité ultime. S'il y a des esclaves et des hommes libres par nature, comme le soutenait Aristote, toute réforme sociale visant à abolir l'esclavage ne peut être que contre-nature. C'est la conséquence de la volonté de fonder la morale dans l'ontologie : invoquer un dualisme revient ainsi à décourager systématiquement toute tentative de changement par et dans l'expérience en invoquant des principes *a priori* fixes et ultimes qui présideraient de tout temps à l'organisation des choses. La lutte contre les dualismes chez Dewey n'est donc pas seulement un moyen de redonner à l'homme sa place dans la nature, c'est également une condition essentielle de la réalisation des idéaux démocratiques.

Contre les dualismes de toute sorte, Dewey fait systématiquement valoir la *continuité* des termes de l'opposition (*cf.* DE, M9, 343). Mais cette notion est complexe et suscite des malentendus. De même que le refus des dualismes n'est pas le refus des distinctions, de même la reconnaissance des continuités ne signifie pas le déni de l'existence de ruptures dans la nature ou au cours des expériences personnelles et collectives. L'insistance sur les continuités chez Dewey a d'abord une valeur négative consistant à nier tout découpage ontologique, et non pas à dénier toutes les discontinuités qui seraient empiriquement constatables. Prenons l'exemple de l'évolution des espèces. Soutenir comme le fait Dewey que l'apparition de la conscience au cours de l'évolution de la vie chez certains organismes complexes est issue d'un processus de développement continu ne veut pas dire que la conscience soit apparue par accumulation insensible de petites différences plutôt que par mutation brusque. C'est au scientifique, non au philosophe, de découvrir les rythmes et modalités de l'évolution, car il s'agit d'une question empirique et le philosophe ne possède aucun organe spécifique de connaissance qui lui permettrait de décider *a priori* si tel processus d'évolution s'est effectué graduellement ou brusquement, encore moins si l'ensemble du processus d'évolution répond à une loi déterminée. Cela ne veut pas dire non plus qu'il n'y ait qu'une différence de degré dans le comportement des organismes conscients par rapport à celui des organismes non conscients dont ces organismes descendraient. La notion même de différence de degré est encore trop solidaire de celle de différence de nature à laquelle elle est opposée pour pouvoir être retenue telle quelle dans un mode de pensée non dualiste. La reconnaissance de la continuité entre ces organismes n'est pas incompatible avec la reconnaissance d'une différence irréductible : la conscience représente ainsi « autre chose » qu'une simple différence de degré dans l'évolution, car elle fait une véritable différence pratique dans la qualité et non seulement dans le nombre des interactions entre l'organisme et son environnement ; mais c'est une différence qui est « moins » qu'une différence de nature, dans la mesure où elle n'introduit pas pour autant une autre nature dans la nature, comme si elle était en son essence pensable et connaissable indépendamment d'elle. Comme tout événement naturel qu'on peut étudier empiriquement, l'apparition de la conscience au cours de l'évolution a des conditions qui sont elles-mêmes naturelles et qu'on peut étudier empiriquement. Si l'on se donne au contraire la conscience au début de l'évolution de la vie au lieu de comprendre son engendrement au cours de l'évolution à partir de certaines conditions de complexité de l'organisme (comme peut le faire un spiritualiste) ou si on la place en dehors de l'évolution des organismes sur un autre plan de réalité (comme peut le faire un dualiste), alors on introduit une entité qui est en « discontinuité » avec l'ensemble des autres phénomènes naturels.

La seule chose que refuse Dewey est donc qu'on ait recours dans nos explications à un élément ou une force qui soit « extra-naturel » ou « supra-naturel » en ce sens, c'est-à-dire qu'on introduirait du dehors pour expliquer l'évolution même ou la différence même dont on cherche à rendre compte. Invoquer la « conscience » pour rendre compte de l'apparition de nouveaux comportements qualitativement différents de comportements antérieurs n'est en rien explicatif. Au mieux, cela relève du même type de mythologie qui consiste à invoquer un instinct politique pour expliquer l'apparition de l'État, ce qui revient à « dupliquer sous la forme d'une prétendue force causale les effets dont il faut rendre compte » (PP, LW2, 242). À l'inverse, si même nous faisions l'hypothèse que la conscience soit soudainement apparue à partir d'une mutation due à des rayonnements radioactifs, cette hypothèse serait parfaitement recevable en ce qu'elle n'introduirait aucune discontinuité métaphysique dans les phénomènes à expliquer, d'une part parce que la radioactivité est un phénomène empirique déjà existant qui n'est pas soudainement introduit dans la nature pour les besoins de la cause, ensuite parce les relations que ce phénomène peut ou non avoir avec l'apparition de mutations biologiques peut également faire l'objet d'une enquête empirique (*cf.* LTI, LW12, 31). Bref, le principe de continuité n'empêche ni de penser l'apparition de la conscience (ou de quoi que ce soit d'humain, y compris les normes logiques et les valeurs morales) comme une mutation plutôt que comme une lente évolution ni de la penser comme une nouveauté dans l'histoire de la vie plutôt que comme l'accroissement de ce qui existait déjà depuis le début à un degré moindre.

La nature du point de vue historique

Dewey ne cherche pas à modifier la conception de la relation entre la nature et l'homme en se contentant de combler le vide creusé entre ces deux termes tels qu'ils nous ont été légués par la pensée moderne, mais il entend reconstruire conjointement ces deux termes mêmes, puisque c'est par et dans une telle reconstruction que leur relation de continuité sera rendue manifeste. Le règlement par répartition des territoires légitimes a réduit la nature au physique tout en identifiant l'esprit au mental. C'est donc dans un même mouvement que Dewey cherche à « déphysicaliser » la nature et à « démentaliser » l'esprit (ou l'expérience), pour faire de l'esprit une phase dans le développement de la nature.

La conception de la nature que propose Dewey est proche des théories dites de l'« émergence » (il emploie le terme dans EN, LW1, 207). Selon une première lecture – structurale – de cette conception, la nature présente des niveaux d'organisation de complexité croissante. Trois « plateaux » (EN, LW1, 208) sont ainsi distingués, correspondant au « physique », puis au « vital », enfin au « mental ». En somme, lorsque la matière atteint un certain degré de complexité d'organisation, les êtres vivants apparaissent, et lorsque ceux-ci atteignent à leur tour un certain de degré de complexité d'organisation, des êtres pensants émergent. La notion d'émergence répond ainsi à la double exigence du principe de continuité. D'une part, chaque niveau d'organisation supérieur dépend dans ses conditions d'apparition, son existence et ses modes d'opération, des niveaux d'organisation inférieurs : pas de vie sans matière, pas d'esprit sans vie ni matière. Il n'y a donc pas d'introduction d'entités, de formes ou de propriétés « entièrement nouvelles » par rapport aux type d'entités, formes et propriétés déjà existantes dans la nature. Mais d'autre part, une telle conception « exclut la réduction du « supérieur » à l'« inférieur » tout autant qu'elle exclut ruptures et hiatus complets » (LTI, LW12, 30). Les propriétés d'un niveau supérieur sont émergentes au sens où, bien que dépendantes des propriétés du niveau d'organisation inférieur, elles sont authentiquement nouvelles et ne peuvent être réduites à ces propriétés. Le modèle classique, que l'on trouve déjà chez John Stuart Mill, pour penser l'apparition de propriétés nouvelles et néanmoins conditionnées, est celui de l'eau : lorsque les atomes d'hydrogène et d'oxygène se combinent pour former de l'eau, le corps plus complexe ainsi composé manifeste des propriétés et des modes d'action que ne possèdent pas ces corps plus simples qui le composent lorsque ceux-ci sont pris à l'état isolé, en dehors de leur interactions organisées avec les autres constituants (LW15, 115). Dans le vocabulaire de Dewey (sans doute hérité de la synthèse hégélienne), le corps plus complexe « intègre », « inclut », « s'incorpore » les entités, propriétés et modes d'organisation inférieurs, ce qui signifie qu'il n'est ni un intrus venant du dehors ni un simple double répliquant l'existant (LW3, 46-50). Le naturalisme de Dewey ainsi compris cherche donc à tracer une troisième voie entre d'une part les philosophies surnaturalistes qui soit expliquent les niveaux inférieurs par les niveaux supérieurs (spiritualisme) soit invoquent des plans séparables dans la nature (dualisme) et d'autre part les philosophies matérialistes qui réduisent tous les plateaux à un seul niveau de base. Aux yeux de Dewey, il n'y a qu'une nature mais elle est différenciée, qu'un seul plan mais qui connaît des reliefs et même des points culminants (EN, LW1, 8 et AE, LW10, 9).

Ces métaphores spatiales et cette approche structurale ne disent toutefois pas assez ce qui fait l'originalité de Dewey au sein de ces théories de l'émergence. Pour élargir le concept de nature au-delà du physique jusqu'à y inclure l'esprit, il faut comprendre la nature du point de vue temporel, comme un processus en développement. Pour penser la continuité du développement, irréductible à la simple succession de moments extérieurs les uns aux autres (où rien ne se développe), il faut selon Dewey « réactiver la catégorie de potentialité », mais dans un sens non aristotélicien (LW14, 109). Les atomes d'hydrogène et d'oxygène ont des propriétés qui les rendent potentiellement capables de former de l'eau aux propriétés nouvelles. L'esprit fait partie des potentialités de la nature. Mais la réalisation de ces potentialités ne dépend pas, comme chez Aristote, de la simple actualisation d'un programme prédéterminé comme si la fin du développement avait été fixée à l'avance. Il n'y aurait pas de changement qualitatif ni de nouveauté à ce compte, et donc pas de développement réellement temporel – c'est le défaut du pseudo-évolutionnisme de Spencer et de toutes les philosophies de l'histoire. Si les potentialités d'une chose ne peuvent être connues qu'après coup et qu'elles ne sont donc pas logiquement déductibles des phases antérieures, c'est qu'elles dépendent pour leur réalisation des interactions avec les autres choses, et non pas d'un principe interne de développement. Ces interactions ne sont pas des causes occasionnelles qui viendraient par accident déclencher le processus interne de développement, car les propriétés émergentes apparaissent précisément par et dans ces interactions, étant les propriétés du système organisé de ces interactions. Dans ce couplage de la potentialité (qui assure l'unité du développement) et de l'interaction (qui assure la contingence du changement), nous retrouvons le double front sur lequel lutte Dewey : contre le matérialisme mécaniste d'une part, qui se donne l'esprit avec la matière sous prétexte que l'effet est déjà dans la cause, et contre le spiritualisme finaliste d'autre part qui retrouve l'esprit déjà impliqué ou préformé dans la matière sous prétexte qu'elle n'est qu'un stade préparatoire au développement de l'esprit (EN, LW1, 208 *sq.*) – les deux conceptions opposées reposent sur le postulat commun de prendre la causalité (qu'elle soit mécanique ou finale) dans un sens non historique. Elles reviennent toutes les deux à sélectionner une phase seulement du processus pour l'isoler du reste et en faire la cause de la totalité du processus, perdant ainsi, de deux manières différentes mais complémentaires, la continuité temporelle du développement. Ainsi l'homme n'est pas « dans » la nature comme une pièce dans une boîte pas plus que l'esprit n'est « dans » le corps comme un pilote dans son navire – ils y sont d'abord comme des épisodes sont insérés dans une histoire.

Indiquons d'emblée les grandes questions que poseront un tel concept de développement. Contrairement à ce que pensent les évolutionnistes comme Spencer (ou d'autres philosophes de l'histoire), le postérieur n'est pas nécessairement supérieur en valeur : tout développement n'est pas automatiquement un progrès. Le cancer est une potentialité de tout corps ; le crime de toute société ; le totalitarisme de tout régime politique. Il ne faut donc pas confondre le concept neutre de « développement » avec celui de « croissance » (*growth*), même si Dewey utilise parfois les deux termes de manière interchangeable. Il faudra donc voir quel critère nous permet de juger qu'un développement est mélioratif. Par ailleurs, comme la lutte contre les dualismes tout à l'heure, son naturalisme a une portée sociale et politique. Tous les hommes ont les mêmes capacités naturelles, c'est-à-dire les mêmes potentialités à la naissance – c'est la « nature humaine ». Mais l'actualisation ou non de ces capacités comme la forme que prennent ces actualisations dépendent des milieux organisés d'interactions sociales dans lequel ils se trouvent intégrés à la naissance et tout au long de leur vie. Il faut partir des capacités naturelles de l'enfant, mais ces capacités ne suffisent pas car leur actualisation ne se fait pas selon un processus d'épanouissement endogène, mais en fonction des interactions de l'enfant avec son environnement naturel et social, d'où l'importance de l'école comme milieu d'organisation des interactions spécialement institué pour favoriser la croissance des enfants. De même, la proclamation de l'égalité des chances ne suffit pas s'il n'y a pas une organisation sociale spécialement conçue pour favoriser le développement des potentialités de chacun.

L'expérience et la philosophie

L'expérience est la phase humaine du développement de la nature. Mais le concept que nous avons hérité de l'expérience en fait un concentré des problèmes artificiels de la philosophie moderne (MW10, 5). Pourtant, Dewey entend sauver ce concept en le débarrassant des modes de pensée préscientifiques qui sont à l'origine de ces défauts. Car la valeur de ce concept tient à deux grandes raisons à ses yeux (LW17, 429-441). La première est que l'expérience a une valeur critique inégalable des croyances et des institutions : adopter une philosophie de l'expérience a pour conséquence pratique d'examiner et de remettre en question toutes les autorités cherchant à contrôler la conduite des gens en faisant appel à des principes censés provenir d'une source supérieure à l'expérience et qui seraient ainsi garantis de manière absolue. C'est la grande leçon de l'empirisme britannique comme première philosophie qui a cherché à s'émanciper de la quête de certitude par une revalorisation de l'expérience, de la pratique, de la croyance probable et des valeurs naturelles. Les empiristes britanniques nous ont appris à nous méfier de ceux qui réclament des principes fixes et absolus (« innés ») sous prétexte qu'en l'absence de tels principes le monde tomberait dans le chaos et les hommes sombreraient dans l'anarchie, car aucune pratique, qu'elle soit cognitive ou morale, ne pourrait alors être fondée sur une base absolument certaine. La seconde raison de se réclamer de l'empirisme est qu'adopter une philosophie rivale revient, d'une manière ou d'une autre, à négliger les ressources et les potentialités de l'expérience elle-même comme moyen de régler les problèmes rencontrés dans l'expérience. L'expérience pour Dewey est un

processus qui peut devenir auto-correcteur, et il n'y a
pas à chercher le remède aux incertitudes de l'expérience
en dehors de l'expérience même. La science moderne
sert ici encore de modèle historique, puisqu'elle a fini
par étudier les objets empiriques par des moyens eux-
mêmes expérimentaux, montrant par là que l'expérience
peut fournir aussi bien les problèmes que les méthodes
de résolution. Le retard moral de l'humanité s'explique
précisément selon Dewey par ce manque de confiance
accordé à l'expérience pour fournir les valeurs désirables
et les méthodes permettant de guider la conduite et par
l'appel à des autorités non humaines. De la doctrine de
l'empirisme classique, mélange d'ancien et de nouveau,
Dewey cherche donc à dégager l'attitude empiriste qui
seule définit l'humanisme moderne au-delà de toute
thèse doctrinale. Son message est double : méfiez-vous
de ceux qui se réclament d'une source d'autorité
infaillible (l'expérience comme instrument critique);
ayez foi dans les potentialités de développement de
l'expérience (l'expérience comme instrument positif de
reconstruction).

Mais la doctrine de l'empirisme classique n'a pas été
à la hauteur de l'attitude empiriste, puisqu'elle a fait de
l'expérience, définie comme donné sensible passivement
reçu, le nouveau fondement devant garantir de manière
certaine la connaissance. Pour expliquer l'origine de
la conception déficiente des empiristes britanniques,
il suffit de rappeler les deux modèles qui ont présidé à
leur conceptualisation de l'expérience. Le premier est
le cartésianisme, puisque Locke, le premier, a défini
l'expérience en termes d'« idées », c'est-à-dire tout objet
dont l'esprit a conscience, et ce terme, qu'il empruntait

à Descartes, allait favoriser la thèse d'une sphère d'intériorité mentale qu'on peut connaître de manière indépendante du monde extérieur, accessible en droit seulement au sujet individuel, et indubitable en sa donnée immédiate. Compte tenu de cette prémisse mentaliste, il n'est pas étonnant que l'empirisme soit devenu de plus en plus idéaliste : si nous n'avons affaire qu'à nos expériences et si toute expérience est de nature mentale, alors nous ne faisons jamais l'expérience du monde, mais toujours de nos propres états de conscience individuels et privés. Il en découle certains des problèmes les plus typiques de l'épistémologie moderne. Si l'expérience est un voile qui s'interpose entre notre esprit et le monde, comment pouvons-nous avoir la garantie que nos représentations correspondent à un état de chose objectif du monde extérieur (problème du scepticisme)? Si l'expérience forme une bulle privée, comment puis-je avoir la garantie que je partage un monde commun avec les autres sujets (problème du solipsisme)? Aux yeux de Dewey, ces problèmes sont parfaitement artificiels, car ils dépendent d'une position dualiste de départ qui isole l'homme du monde extérieur, et il suffit d'en réfuter la prémisse mentaliste pour les dissoudre.

Le second modèle de Locke est la physique corpusculaire de Boyle, qui a amené les empiristes à concevoir les expériences primaires de manière analogue aux corpuscules physiques, sous la forme d'idées distinctes et séparables entre elles, aux limites bien arrêtées, et qui pouvaient se combiner tels des atomes pour former des idées plus complexes. Une telle conception de l'expérience a donné lieu à plusieurs dualismes liés entre eux, celui du passif et de l'actif, celui des termes et des relations, celui de la sensibilité et de la pensée. Si le donné se présente sous la forme d'une « rhapsodie de sensations » (Kant), alors les relations entre ces termes sensibles ne font pas partie de l'expérience sensible elle-même. Les adversaires de l'empirisme ont trouvé dans cette conception « appauvrie et mutilée » de l'expérience (RP, MW12, 137) une justification pour invoquer des agents hors de l'expérience chargés d'organiser ce donné sensible chaotique en y injectant les relations manquantes (spatiales, temporelles, causales, etc.). Dans la philosophie moderne, l'unification des expériences dans des groupes stables (sujet et objet) et dans des séquences régulières (lois) ne s'explique en effet plus par des substances comme dans la philosophie classique, mais par des relations qui sont, tout comme les anciennes substances, d'un autre ordre que ce qu'elles sont chargées d'unifier : le dualisme métaphysique des plans entre substance et mode est reconduit sous la forme du dualisme entre relations et termes. Les nouvelles notions qui apparaissent alors, avec Kant et les post-kantiens, comme celles de synthèse, de catégorie, de forme ou d'Absolu, désignent en effet non plus des entités substantielles mais des relations supérieures ou des activités supérieures de mise en relation opérées par la pensée et chargées d'ordonner et d'unifier une expérience conçue comme purement sensible, dénuée de connexions et passivement reçue. Ces dualismes ont fonctionné comme des opérateurs essentiels de la séparation de l'esprit vis-à-vis de la nature en confortant l'image d'un homme double, sensible et intelligible, passif et actif, et en introduisant de nouveaux paradoxes artificiels bien illustrés dans l'œuvre du postkantien britannique Francis

Herbert Bradley au sujet des relations dialectiques entre les relations et leurs termes (*cf.* ID, MW, 50-75).

Derrière ces deux défauts du mentalisme et de l'atomisme, il y en a un troisième : l'intellectualisme. Tous les philosophes modernes sont partis du présupposé commun non interrogé que l'expérience désignait un mode de connaissance (EN, LW1, 28). Supposant que la connaissance du complexe dépendait de la connaissance du simple, les empiristes ont fait de l'expérience sensible des données atomiques élémentaires un mode de connaissance immédiat, sur lequel se fondait la connaissance médiate qui fait intervenir les opérations de combinaison de l'esprit (être, c'est être connu par la perception). Les rationalistes ont refusé l'idée d'une telle connaissance immédiate sensible, au nom de l'identification de la connaissance avec la saisie des principes universels et nécessaires, mais ils partagent avec les empiristes l'idée que les connaissances médiates, issues du raisonnement déductif, doivent être fondées sur une intuition immédiate de ces principes premiers. En désaccord avec les empiristes sur l'objet de l'expérience (les principes rationnels plutôt que les données sensibles), ils acceptent néanmoins comme eux l'idée d'un mode de connaissance immédiat et donc infaillible sur laquelle fonder la connaissance médiate. Ce présupposé selon lequel toute expérience immédiate (qu'elle soit intuition rationnelle ou perception sensible) est cognitive est liée à la thèse atomiste qu'il existerait des objets simples par nature et des objets complexes par nature, comme à la thèse mentaliste que la conscience se définit précisément par une telle connaissance de ses objets immédiatement présents. Ce présupposé présente au moins cinq défauts majeurs aux yeux de Dewey : 1) il dépend de l'antique théorie de la connaissance-spectateur, puisque cette forme de connaissance relève de l'avoir, plutôt que du faire, dans la mesure où la connaissance s'identifie à la simple présence, à la simple donation, de l'objet connu : connaître, c'est être en possession de cet objet, ne pas connaître, c'est en être privé (LW15, 29); 2) il continue par d'autres moyens la quête classique de certitude, cherchant un fondement pour le développement de toute connaissance dans un type de connaissance qui soit absolument indubitable, nécessairement vraie à partir du moment où elle est eue (EN, LW1, 373); 3) il fait de la connaissance un phénomène anhistorique : si toute expérience est déjà cognitive, alors la cognition n'a plus d'origine dans l'expérience et l'on ne saisit plus la fonction différentielle qu'elle pourrait apporter au cours du développement de l'expérience. La connaissance ne faisant pas de différence dans l'expérience puisqu'elle est toujours déjà là, on se prive des moyens de comprendre l'émergence, et donc l'importance, de la connaissance au cours de la vie (c'est l'erreur des idéalistes, pour qui être, c'est toujours déjà être connu, *cf.* ID, MW3, 159); 4) il est réducteur : puisque l'expérience est identifiée à la connaissance (au lieu que la connaissance soit comprise comme un mode spécifique d'expérience), un tel présupposé conduit à négliger voire oblitérer les autres modes et aspects de l'expérience – les aspects affectifs et pratiques, esthétiques et moraux, etc. – ou à les rendre secondaires et dérivés par rapport à la connaissance comme mode fondamental; 5) il repose sur un dualisme entre deux types de connaissance et de vérité qui conduit l'épistémologie à d'autres problèmes artificiels : comment réconcilier et coordonner les objets connus immédiatement (et qui sont nécessairement privés dans leur donation) et les objets connus de manière médiate (censés être communs)? En somme, l'intellectualisme repose sur l'idée que la relation de l'homme à son environnement est d'abord une relation intellectuelle, qui fait de lui d'abord et avant tout un sujet de connaissance, et qui fait des objets de l'environnement d'abord et avant tout des objets de connaissance (d'où leur intériorisation dans la conscience) : la connaissance est première sur la vie. Il y a sans doute là pour Dewey un sophisme d'origine sociologique de la part de ces professionnels de l'intellect que sont les philosophes, notamment s'ils conduisent leur pensée dans un milieu abrité et coupé des problèmes de la vie, mais « tenir pour premiers l'expérience intellectuelle et le matériau qui lui est propre », c'est surtout une autre manière de « rompre le lien qui relie l'expérience et la nature » (EN, LW1, 29).

L'expérience du point de vue biologique

Le mentalisme, l'atomisme et l'intellectualisme ont ainsi constitué les malédictions originelles de l'empirisme, et le rôle historique du pragmatisme aura été d'exorciser l'empirisme en le purgeant de ces éléments étrangers et pré-modernes pour former un nouvel empirisme, qui soit, si l'on peut dire, comportementaliste, holiste et fonctionnaliste. C'est James qui a lancé cet effort de reconstruction du concept d'expérience dans sa psychologie, et qui devait le mener à la formulation de son propre « empirisme radical ». Mais selon Dewey, sa tentative n'a pas été sans mélange. Il est d'accord sur le postulat de base selon lequel c'est à la psychologie de fournir la théorie de l'expérience, dont la philosophie se servira ensuite comme moyen pour reconstruire la théorie de la connaissance, théorie qui pourra à son tour être employée pour reconstruire la réflexion sur les valeurs. Mais la psychologie subjective, fondée sur l'observation interne des données immédiates de la conscience, dépend précisément de la conception philosophique ancienne de l'expérience qu'il s'agit de reconstruire et n'est donc pas en situation de fournir l'instrument convenable. Les bonnes critiques de James contre l'atomisme du donné et sa reconnaissance des relations au sein de l'expérience – qu'il faisait reposer sur une introspection plus fine du courant continu de conscience – devront donc être récupérées par un autre moyen et traduites dans un langage objectif. En revanche, à côté de cette psychologie introspective, ses *Principles of Psychology* présentait une psychologie objective qui adoptait le point de vue biologique (LW2, 15-16). D'une telle psychologie biologique, Dewey attend deux services : qu'elle sape à leur fondement toutes les philosophies – y compris récentes comme l'atomisme logique – qui se sont appuyées d'une manière ou d'une autre sur le concept défectueux, car pré-biologique, de l'expérience, et qu'elle manifeste par là les liens entre la nature et l'homme permettant de reconstruire la philosophie (LW15, 11-15). Encore faut-il aller plus loin que James dans la direction qu'il avait lui-même indiquée, ce que Dewey fait de trois manières : en expurgeant ce que la conception biologique de l'esprit de James peut encore avoir de dualiste ; en complétant cette psychologie biologique par une psychologie sociale, prenant ainsi en étau la psychologie subjective pour montrer que le mental est un produit conjoint du vital et du social (c'est

pourquoi les deux synonymes d'expérience sont « vie » et
« culture ») ; en prolongeant enfin explicitement une telle
psychologie fonctionnelle par une logique instrumentale.

Dès le début de son ouvrage, James insiste sur
le fait que la psychologie doit cesser de considérer
l'esprit comme s'il était « un être existant séparément,
se suffisant à lui-même » et qu'il faut plutôt le prendre
« au milieu de toutes ses relations concrètes », et
notamment comprendre que « les esprits habitent un
environnement qui agit sur eux et sur lequel en retour
ils réagissent » (James, 1981, 19). Le système nerveux
est la pièce maîtresse dans cette interaction, si bien que
toute psychologie doit partir de la coordination la plus
simple qui existe entre une impression sensorielle et une
réaction motrice : l'action réflexe. James dégage cinq
grandes caractéristiques des actions réflexes comme
schème comportemental élémentaire du vivant : 1) elles
sont innées puisqu'elle dépendent des circuits nerveux
tout montés dans l'organisme entre nerfs sensoriels
afférents, système nerveux central de la moelle épinière
et nerfs moteurs efférents. L'homme possède donc à la
naissance un capital d'action commun à toute l'espèce :
c'est la nature humaine, définie, notons-le, en termes de
registre d'actions. Ces actions réflexes rendent compte
des différents instincts, qui ne sont que la contrepartie
fonctionnelle de ces structures organiques. 2) Elles sont
téléologiques : contrairement à un pur effet mécanique
d'une cause antécédente, la réaction est une réponse
ajustée à l'excitation. Cette excitation en provenance de
l'environnement n'est pas indifférente, elle a une valeur et
la réaction est un moyen pour une fin, qui est au bénéfice de
l'organisme. 3) Elles présentent une structure triadique,
comme l'anatomie nous le montre, présentant toujours

et de manière interconnectée une phase sensorielle, une phase de réorientation centrale et une phase motrice (ou glandulaire) : « l'unité structurelle du système nerveux est en réalité une triade, dont aucun élément ne possède une existence indépendante » (James, 1979, 92). 4) Leur structure est finalisée : la phase périphérique sensorielle et la phase de réorientation centrale sont pour la réaction. Les cas où le courant nerveux échoue à déclencher une réaction sont pathologiques. 5) Elles peuvent former une chaîne où la réaction de la précédente fournit ou conduit au stimulus de la suivante : l'enfant voit la flamme (S1) et tend le bras (R1), il se brûle (S2) et le rétracte (R2). Si c'était là tout le système nerveux de l'enfant, il n'y aurait jamais de changement dans son comportement : soumis à la même excitation, il répèterait la même séquence, tel le poisson relâché qui mord à nouveau à l'hameçon. Heureusement pour lui, ajoute James, l'enfant a un cerveau : c'est l'organe de l'apprentissage, l'organe de la différence pratique. Car il est la condition naturelle de la continuité de l'expérience : au lieu de répéter les mêmes gestes dans les mêmes situations, l'enfant humain apprend de ses expériences passées et modifie ses réactions futures en conséquence. La prochaine fois, le stimulus S1 sera couplé à la réaction R2 (inhibition du réflexe de préhension), créant un nouveau circuit nerveux, support organique d'un comportement acquis et non plus inné, dont l'avantage en terme d'ajustement est évident. La différence irréductible entre les deux comportements est que le second fait, selon James, intervenir des processus mentaux conditionnés par l'activité cérébrale : l'enfant se souvient de l'expérience passée, l'associe aux conséquences déplaisantes, et raisonne en conséquence sur son expérience présente en anticipant les conséquences futures de son geste. Sa réaction n'est plus seulement stimulée par un objet présent dans son champ perceptif, mais par des idées, si bien qu'un choix s'ouvre à lui entre deux cours d'action possible (toucher/ rétracter), base de la délibération dans toute action réfléchie et plus seulement réflexe. Mais la nouveauté de ce comportement réfléchi est bien en continuité avec le comportement réflexe. Cette continuité est d'ailleurs assurée au niveau organique par la continuité de l'axe cérébro-spinal, le cerveau n'étant qu'un développement de la moelle épinière et assurant par là la même fonction sensori-motrice qu'elle, même si c'est de manière plus complexe. Par là, tout comportement, aussi réfléchi et délibéré soit-il, est téléologique et sert des intérêts. Il est également structuré de manière triadique, toujours stimulé par des impressions sensorielles, et toujours orienté vers une réaction pratique en réponse à ces perceptions, même si cette réaction peut être indéfiniment différée (mais jamais complètement annulée). Dans ce cadre sensori-moteur, l'analyse des anciennes facultés mentales doit désormais devenir fonctionnelle : l'attention, la mémoire, l'association, la conception, le raisonnement, la volonté, etc., en vertu de leur place intermédiaire et médiatrice dans ce schème comportemental, doivent être compris en fonction de la contribution propre qu'ils apportent chacun à l'analyse des sensations et à la détermination des réactions. La pensée n'a pas sa fin en elle-même, elle est elle-même une activité téléologique, servant de moyen pour améliorer les interactions de l'individu avec son environnement.

Tel est le cadre dont part Dewey (LW2, 15-17). Il va néanmoins amender le modèle de James en s'attachant à en dégager la signification philosophique. Pour comprendre en effet ces révisions, il faut bien garder en tête son projet d'ensemble, car les commentaires qu'il apporte ne prennent en réalité leur sens qu'en regard des défauts du concept traditionnel de l'expérience qu'il cherche à dépasser. Lorsqu'il adresse des critiques à l'analyse de James, celles-ci visent ainsi toujours à souligner (encore) plus qu'il ne l'a fait les continuités à l'œuvre dans toutes les dimensions du comportement, permettant de surmonter tous les dualismes sur lesquels repose la conception traditionnelle. Comme pour la nature, ces continuités ne sont véritablement comprises que lorsqu'on adopte le point de vue du développement temporel de l'expérience, considérant tout comportement, y compris réflexe, non comme un acte isolé mais comme une série d'activités coordonnées où les résultats passés modifient le présent et préparent l'avenir.

1) Au caractère primitivement cognitif de l'expérience présupposé par la conception traditionnelle, Dewey oppose le primat de l'interaction vitale, pratique et affective. Comprendre l'expérience du point de vue biologique, c'est d'abord la considérer en termes d'interactions d'un organisme vivant avec son environnement, d'actions subies (*undergoing*) et d'actions faites (*doing*). La relation cognitive entre un sujet et un objet n'est donc qu'une spécialisation et une complication de l'interaction entre un organisme et un environnement, qui émerge dans certaines conditions. Elle a en tout cas un caractère secondaire et dérivé. Il en ressort que toute expérience n'est pas cognitive, mais que l'expérience est d'abord précognitive (« sensori-motrice »). Une sensation n'est pas un atome d'information, c'est d'abord « une invitation et

une incitation à agir d'une manière voulue » (RP, MW12, 130), même si elle pourra acquérir, dans des conditions moins immédiates, une fonction pour la connaissance. Cette réorientation pragmatiste de la perspective nous met en position favorable pour comprendre la fonction différentielle et la valeur de la connaissance pour la vie. Dans le cas de l'enfant, savoir que le feu peut le brûler fait bien en effet une différence pratique dans sa conduite. Dewey pense donc pouvoir à la fois critiquer la thèse de la connaissance immédiate et sauver l'idée d'expérience. Ce n'est pas parce que toute connaissance est inférentielle qu'il n'y a pas d'expérience immédiate, expérience dont il faut partir pour comprendre l'apparition et le développement de la phase cognitive de l'expérience, qui n'est alors pas introduite de l'extérieur mais parce qu'elle répond à un problème de réajustement dans la situation.

2) Au dualisme du sujet et de l'objet de la conception traditionnelle de l'expérience, Dewey oppose l'intégration fonctionnelle de l'organisme et de l'environnement. L'interaction entre l'organisme et son environnement n'est pas la combinaison de deux entités pouvant exister de manière séparée. Organisme et environnement sont au contraire deux aspects complémentaires nécessairement co-impliqués dans cet ensemble d'activités inter-reliées (respirer, se déplacer, se nourrir, se reproduire, etc.) qui définissent le fait de vivre (MW6, 437-38). Pour comprendre le « plateau » du vital, il ne faut partir ni de l'idée d'une entité ou force mystérieuse (la vie), ni même de ces êtres substantiels que seraient les vivants comme s'ils pouvaient vivre indépendamment de leur environnement, mais bien de cette activité elle-même, exprimée par le verbe « vivre », *living* (UPMP, 322). De

ce vivre, l'organisme et l'environnement sont les deux pôles en circuit l'un avec l'autre. Il n'y a pas d'organisme sans environnement : respirer pour un être humain implique aussi bien des poumons qu'une atmosphère pourvue d'oxygène. La respiration comme activité vitale ne se passe pas dans les limites du corps humain. Toutes ces fonctions vitales, au sens physiologique du terme qui les rapporte aux structures de l'organisme, sont également des fonctions, au sens mathématique, qui les rapporte à la variable de l'environnement (HNC, MW14, 15) : un organisme décline ou prospère selon les variations de son environnement (par exemple en oxygène). Un poisson n'est donc pas « dans » l'eau comme « des pièces dans une boîte » (HNC, MW14, 205) ; l'environnement ne fait pas qu'entourer l'organisme : ces métaphores spatialisantes conservent encore trop l'idée d'une extériorité possible entre les deux termes pour faire sentir leur relation de continuité. Mais par ailleurs, il n'y a pas d'environnement sans organisme : un environnement n'est pas un simple milieu physique, c'est un milieu physique qui a acquis une qualité vitale du fait de son interaction avec un organisme. Il consiste « dans la somme totale des conditions qui entrent de manière active dans la direction des fonctions d'un être vivant donné » (MW6, 438). Tout ce avec quoi, dans le milieu physique, ne varie pas le comportement de l'organisme ne fait pas partie de son environnement. Inversement, tout ce qui, même absent du champ sensori-moteur immédiat, est susceptible de modifier ou d'entrer en compte dans la détermination de sa conduite en fait partie. Le souvenir de la brûlure fait désormais partie de l'environnement de l'enfant, tout autant que la chandelle présente. Le pôle nord fait partie de l'environnement de Robert Peary même s'il ne l'a jamais atteint (DE, MW9, 15). Chaque espèce constitue donc par le simple fait de vivre un environnement différent (l'histoire de l'évolution des espèces est également l'histoire de l'évolution des environnements), et chez certaines espèces comme en témoigne l'exemple de l'enfant, ces environnements peuvent s'élargir (ou diminuer) en fonction de la croissance vitale et mentale des organismes. Il est certes possible et même utile d'étudier un organisme ou même un organe comme le poumon ainsi que le fait l'anatomiste en faisant abstraction de son fonctionnement, c'est-à-dire de sa corrélation avec l'environnement, comme il est possible d'étudier l'atmosphère d'une ville comme si elle était un pur milieu physico-chimique abstraction faite de sa fonction vitale pour les habitants – la mise en corrélation de ces deux types d'études scientifiques permettra de mieux comprendre et maîtriser les processus vitaux de la respiration. Mais ce serait un sophisme de convertir les résultats de cette double abstraction en constituants premiers de la situation, comme si l'interaction avait besoin, pour être tout simplement possible, de se faire entre deux termes séparés préexistants qui seraient par la suite mis en rapport pour interagir entre eux (d'où la méfiance finale de Dewey envers ce que contient encore de dualiste le terme d'« interaction » et sa préférence pour le terme de « transaction », NN, LW16, 101). C'est pourtant ce que font les anatomistes *post-mortem* de l'expérience, qui supposent qu'on peut comprendre l'expérience à partir de la seule exploration des vécus de conscience du sujet, en mettant entre parenthèse toute interaction avec le monde dit extérieur. L'expérience comprise à partir de l'activité de vivre doit elle-même se dire selon le verbe transitif que Dewey emploie constamment : *expériencer* (*to experience*). De même que l'acte de respirer intègre dans une unité indivise le poumon respirant *et* l'air respiré, de même « l'intégrité inclusive de l'expérience » (EN, LW1, 19) au sens d'expériencer ne peut se penser selon une division antécédente du sujet et de l'objet de l'expérience. Or la philosophie comme la psychologie pré-biologiques ont sélectionné et isolé l'un des aspects seulement de cette activité (défini comme le mode d'expérienciation, l'*experiencing*, le *how*) en le séparant en droit de son corrélat naturel (défini comme l'expériencé, l'*experienced*, le *what*, *cf.* DE, MW9, 173) pour l'ériger en entité qui serait la cause de cette activité (le sujet conscient) n'ayant alors plus affaire qu'à lui-même (l'objet mental privé comme seul corrélât possible). C'est comme si le poumon respirait seulement l'air qui est dans ses propres lobes. La conscience, nous le verrons, ne désigne pas le sujet constitutif de l'expérience, mais elle qualifie un certain mode d'interaction spécifique entre certains organismes et leurs environnement (certaines de nos interactions sont conscientes) – sa place est intermédiaire et médiatrice, et non primitive ou finale. Les hommes n'expériencent ainsi pas leurs propres états de conscience, ils expériencent « le champ planté, les grains semés, les moissons récoltées, les changements liés à l'alternance des jours et des nuits, du printemps et de l'automne, de l'humide et du sec, du chaud et du froid » (EN, LW1, 18). Si la conception de l'expérience n'avait pas été un moyen de séparer l'homme de la nature, il n'aurait pas été nécessaire de rappeler le truisme selon lequel pour respirer, il faut de l'air, pour manger, il faut de la nourriture – pour vivre, il faut un environnement tout autant qu'un organisme (UPMP, 321). Dewey appelle « situation » une telle intégration fonctionnelle d'un organisme en interaction avec son environnement.

3) Au caractère passif de la réception du donné dans la conception traditionnelle, Dewey oppose l'effort d'ajustement actif de l'organisme. L'interaction d'un organisme avec son environnement constitue un circuit où l'organisme reçoit ou subit une action de son environnement et agit en retour sur son environnement, action dont les conséquences sont à leur tour éventuellement subies par l'organisme, etc., selon l'enchaînement que nous avons déjà relevé chez James. L'organisme n'est donc jamais entièrement passif. D'une part, son ajustement n'est pas une simple « accommodation » (ACF, LW9, 12) à son milieu puisqu'en agissant sur lui, il le transforme. Les interactions de l'homme avec son environnement montrent suffisamment le caractère transformateur de son action, afin d'ajuster l'environnement à ses besoins et intérêts, au lieu d'attendre que l'environnement fournisse de quoi les satisfaire (RP, MW12, 128-29). D'autre part, même dans sa réceptivité, l'organisme n'est pas passif : l'enfant ne reçoit pas telle quelle une pure sensation de lumière lorsqu'il voit la flamme. Il *voit* la flamme, ce qui implique non pas une sensation isolée qui viendrait frapper une statue immobile, mais une première coordination sensori-motrice où cette sensation est corrélée à des mouvements des yeux, de la tête et du cou – et en réalité, d'après Dewey, de l'ensemble du corps. Contre une conception atomiste du réflexe, Dewey soutient que c'est tout l'organisme qui est impliqué dans un comportement donné, et c'est une des raisons pour

laquelle il préfère même parler d'« impulsion » plutôt
que de réflexe, qui n'est qu'une partie spécialisée de ce
mouvement du corps tout entier (c'est l'augmentation du
diamètre de la pupille par rapport au mouvement général
vers la flamme, *cf.* AE, LW10, 64). Contrairement aux
empiristes partant des impressions sensorielles, il faut
donc partir de l'activité intégrée de voir, dont la sensation
visuelle et les mouvements oculaires sont des aspects
corrélatifs et en co-ajustement continu (EW5, 97). Il en
résulte que « l'expérience revient avant tout à « faire »
(*doing*) quelque chose » (RP, MW12, 129). L'organisme
n'est pas un spectateur face à l'écran du monde qui le
bombarderait de données brutes, il est un acteur qui
prend part au monde. Le concept de « participation »
a une origine biologique, et il irradiera aussi bien dans
les questions de connaissance (« la connaissance est un
mode de participation », DE, MW9, 347) que dans les
questions de valeur (la démocratie participative).

4) À l'atomisme du donné, Dewey oppose les
connexions sensori-motrices de la conduite. James
avait déjà fait valoir que la conscience ne s'apparaissait
pas à elle-même comme une succession d'états bien
découpés et séparés, mais qu'elle se présentait comme
un courant continu, les transitions entre les états de
conscience plus stables étant elles-mêmes des parties
et moments de la conscience. Il avait tiré de cette
découverte en psychologie un renouvellement de la
théorie philosophique de l'expérience, en soutenant
que les relations font tout autant partie de l'expérience
que leurs termes, si bien qu'il n'est nul besoin d'agents
supra-empiriques tel l'ego transcendantal pour assurer
l'organisation et l'unification de l'expérience : celle-ci

fournit déjà tout ce dont il est besoin pour en organiser le flux, pourvu qu'on parvienne à maîtriser la manière dont une partie de l'expérience peut en mener à une autre. Aux yeux de Dewey néanmoins, James avait déjà tout ce qu'il fallait pour soutenir une telle thèse sans sortir de la psychologie biologique. Il avait déjà relevé que le cours de la conduite était d'abord pré-organisé par la présence des connexions sensori-motrices réflexes (S1-R1) qui pouvaient d'ailleurs s'enchaîner continûment entre elles (R1-S2), puis qu'il pouvait se réorganiser en fonction des connexions acquises (S1-R2). L'instinct et l'habitude sont ainsi les deux grands facteurs d'organisation de l'expérience et la condition de la continuité du comportement (MW10, 14). Non seulement la réponse instinctive est ajustée au stimulus et n'est pas un effet extérieur, mais la base biologique de l'habitude, à savoir la capacité de l'organisme à être modifié de manière à retenir l'effet d'une expérience passée pour affecter le cours de la conduite future, permet d'introduire encore plus de continuité dans la coordination des activités. C'est donc d'abord entre les neurones, et non entre les états de conscience, qu'il faut chercher les transitions, dont les termes sont des activités (voir, toucher, etc.).

Outre cette naturalisation plus forte du lieu des connexions (ni la conscience transcendantale, ni même la conscience empirique, mais le corps), Dewey radicalise la compréhension du schéma sensori-moteur lui-même pour en expurger ce qu'il doit encore aux conceptions dualistes anciennes. Dire que dans l'action réflexe, le stimulus est purement sensoriel, dire que la réponse est purement motrice, et affirmer enfin que la réponse succède au stimulus comme un clou chasse l'autre, comme le suggère l'expression même d'« arc réflexe », c'est encore la considérer comme un « patchwork de parties disjointes » (EW5, 97) qui interdit d'en faire le véritable schème organique permettant d'unifier l'ensemble de la conduite et de fournir ainsi un fil conducteur unique à la psychologie. Encore une fois, il faut reconstruire l'instrument de reconstruction, car si le mode d'action qui semble donner un schème commun à tous les comportements des êtres vivants est lui-même considéré de manière dualiste, il n'y aura aucun espoir de surmonter les dualismes de la connaissance ou des valeurs en prenant le point de vue de l'action. Nous avons déjà vu que le stimulus S1 n'est pas une sensation sensorielle pure mais déjà une coordination sensori-motrice (voir). Dewey fait valoir en outre que la réponse R1 ne suit pas tant le stimulus S1 qu'ils sont coordonnés, l'acte de voir stimulant et contrôlant le geste de toucher tout au long de son exécution tandis que le geste de toucher stimule et contrôle à son tour simultanément la conduite visuelle de l'enfant, formant un circuit continu de stimulations et de réponses mutuelles. Il vaudrait d'ailleurs mieux parler de « circuit organique » que d'« arc réflexe » pour désigner cette coordination intégrée de la conduite dont le stimulus et la réponse, les sensations et les mouvements, ne sont que des aspects qu'on peut fonctionnellement distinguer mais qui n'ont pas d'existence séparable les uns des autres. Enfin, qu'en est-il de l'enchaînement avec l'autre action réflexe (S2-R2) ? La brûlure ressentie par l'enfant (pas une simple sensation encore une fois, mais une nouvelle coordination sensori-motrice) n'est pas celle qui résulterait d'un incendie venant surprendre un homme endormi dans sa chambre d'hôtel et qui serait extérieure au circuit organique de sa conduite (RP, MW12, 129). Elle entre au contraire dans ce circuit, elle est l'*undergoing* de son *doing*, connectée aux coordinations précédentes et les réorientant. Si l'enfant pourra apprendre de cette expérience, c'est précisément parce qu'elle est déjà une connexion d'actions faites et d'actions subies-en-conséquence-des-actions-faites et non pas une suite d'événements ponctuels déconnectés les uns des autres. L'expérience est bien un courant continu, mais d'activités coordonnées et non d'états de conscience.

5) À la restriction de l'expérience à la sensibilité, au *feeling* immédiat, séparé de et opposé à la pensée, Dewey oppose enfin l'émergence des inférences dans le développement de la conduite. Comment interpréter le second moment de notre exemple, lorsque l'enfant voit à nouveau une flamme ? La réponse est devenue incertaine (toucher ou non ?). Mais, ajoute Dewey, le stimulus est lui aussi devenu incertain de manière corrélée, car c'est toute la coordination de l'activité qui est rompue : il y a un problème d'ajustement. Est-ce une jolie lumière à attraper ou une lumière qui brûle ? Auparavant, le stimulus était seulement eu, agi, subi – simplement une question de *doing* et d'*undergoing*. À présent, le circuit étant interrompu en raison du conflit entre deux directions possibles, l'action étant suspendue en raison du doute sur la signification du stimulus, le stimulus est considéré pour lui-même au lieu de s'enchaîner directement avec sa réponse. En vérité, c'est à ce moment-là seulement qu'il est constitué en stimulus, distinct de la réponse puisque la réponse est reportée au lieu d'être continue, tout autant qu'il est isolé comme sensation distinguée du mouvement, puisque que le mouvement est interrompu.

C'est également en cet instant de trouble dans l'interaction que la division entre organisme et environnement est produite. Les psychologues et philosophes traditionnels ont ainsi injecté dans la situation normale primitive ce qui n'est que le résultat d'une désintégration secondaire du circuit organique où l'ouverture et la fermeture, comme l'organisme et l'environnement dans l'interaction, en sont venues à être déconnectées l'une de l'autre (EW5, 105-106).

Voilà comme il faut rendre compte, selon Dewey, de l'émergence du mental au sein du comportement vital, comme nouveau mode d'interaction entre l'être vivant et son environnement, et nouveau mode de coordination de ses activités. Cette coordination n'est plus directe, mais indirecte, et passe par l'identification du stimulus et la résolution du conflit et de la tension, afin de pouvoir à nouveau agir. Trouver savoir quoi faire, c'est ainsi réintroduire de la continuité dans la série brisée (à la fois de sa coordination sensori-motrice et dans sa séquence temporelle) de son comportement. Dans la mesure où le « stimulus » devient incertain, interrompant l'action, il devient le foyer de ce qui devient une attention de la part de l'enfant, et il est constitué par là en sensation *consciente*. Lorsque les connexions sont déjà assurées ou bien établies par l'instinct ou l'habitude, la conscience est inutile ; elle correspond aux phases de réajustement de l'interaction, où une nouvelle coordination est requise. L'action n'est donc pas une combinaison de deux processus séparables, l'un psychique et l'autre corporel, mais il n'y a qu'un seul comportement continu, dont certaines phases sont incertaines, indécises et divisées alors que d'autres sont déterminées et stabilisées, et la conscience est le nom qu'on donne à ces phases indéterminées où l'activité est en voie de formation plutôt que déjà bien formée et coordonnée (DE, MW9, 357). Par ailleurs, devenu douteuse, une telle sensation n'est plus un simple signal déclencheur de l'action, elle est devenue le *signe* d'autres expériences à venir et c'est en ce sens que le comportement en son entier acquiert une qualité *mentale* (la conscience représentant ce qui occupe le foyer actuel présent de ce mode de comportement sériel comme champ plus vaste – Dewey transpose encore une fois les concepts introspectifs de James en langage comportemental). L'enfant ne réagit plus à la lumière comme simple stimulus physique ou vital, mais à la signification possible de la lumière (réagir en sursautant à un bruit soudain est une réaction vitale ; réagir à un bruit soudain en rangeant ses crayons dans sa trousse est une réaction mentale, car c'est réagir non seulement au bruit, mais à sa signification, DE, MW9, 34).

Ainsi les qualités sensibles de la lumière que l'attention de l'enfant découvre ne sont pas des qualités isolées qui s'imprimeraient dans sa sensibilité, mais elles sont prises dans les relations qu'elles peuvent avoir avec d'autres expériences (la brûlure). De même, son geste possible de toucher est mis en connexion avec ses conséquences possibles. La perception de telles connexions est même ce qui constitue une véritable expérience aux yeux de Dewey (au sens normatif d'une expérience éducative) : non pas la simple séquence de *doing* (toucher) et d'*undergoing* (brûlure), mais la mise en relation de l'*undergoing* en conséquence du *doing*. Le terme même de con-séquence, par contraste avec la simple séquence, porte en lui cette relation de continuité instaurée dans ce nouveau mode de comportement. Mais c'est une continuité pensée et non plus vécue : la continuité d'une expérience présente avec des expériences possibles qui ne sont pas encore données. Le passage du sensible (ou du sensori-moteur) à l'intelligible n'est donc pas un saut magique d'un ordre de réalité à l'autre, mais un développement longitudinal d'une première expérience en relation de continuité immédiate et irréfléchie avec d'autres expériences à une seconde expérience en relation médiate avec d'autres expériences possibles. L'inférence des expériences possibles à partir d'expériences présentes prises comme signes, permettant de prendre en considération ces conséquences futures dans le cours de sa conduite présente, fait ainsi partie du développement normal de l'expérience humaine.

Nous retrouvons la conclusion du naturalisme de Dewey : les potentialités de l'expérience ne se réalisent que dans et par des interactions nouvelles. L'esprit désigne ainsi l'apparition de nouvelles coordinations dans la conduite d'un organisme, ou plutôt l'apparition d'un nouveau mode, indirect, de coordination de ses expériences. La valeur de l'expérience de la flamme repose dans sa portée éducative : le cours de l'expérience de l'enfant a changé dans la mesure de ces connexions et continuités nouvellement perçues. C'est en ce sens que Dewey parle d'une croissance de son expérience, où les expériences passées modifient la qualité des expériences futures. Cette différence qualitative dans son comportement correspond à une augmentation de signification dans son environnement, qui s'est élargi ou épaissi. La flamme a gagné en signification : elle n'est plus seulement cette lumière brillante, elle signifie aussi une douleur possible, et elle est désormais perçue comme telle (DE, MW, 83) – d'ailleurs une expérience totalement signifiante (et donc totalement intellectualisée) serait une expérience où serait perçues les relations avec la totalité des autres expériences réelles et possibles (AE, LW, 51). Quoi qu'il en soit, l'environnement, de manière corrélée à la modification du comportement de l'enfant, a lui aussi acquis une qualité mentale : l'esprit n'est ainsi pas seulement dans la tête de l'enfant, ni même dans sa conduite, mais il est distribué sur tous les aspects et phases de l'interaction qui entrent dans son nouveau mode d'activité. L'esprit est véritablement dans la nature.

La nature et l'expérience du point de vue social

Mais penser que l'esprit émerge par et dans un contact direct de l'être vivant avec les choses est encore une abstraction de l'empirisme classique. Le cas de l'enfant à la chandelle souffre de cette réduction de l'expérience à l'interaction entre un individu isolé et un environnement désocialisé. Il ne suffit pas de dire qu'il faut un monde objectif pour vivre et agir, il faut encore ajouter que l'action ne se passe pas dans un vide social. La reconstruction de la théorie de l'expérience menée du point de vue de la psychologie biologique que nous venons de voir est donc encore le fruit d'une vue unilatérale qui érige un aspect seulement de l'interaction en tout de l'expérience : il convient de la compléter en adoptant le point de vue de la psychologie sociale nous permettant de saisir les continuités sociales à l'œuvre dans le développement du comportement.

La catégorie de social, chez Dewey, se définit à partir des trois concepts d'« association », de « participation » et de « communication ». L'association est une loi universelle de la nature, elle n'est pas spécifiquement humaine. Non seulement elle traverse tous les « plateaux », mais, comme nous l'avons vu, les nouvelles qualités n'émergent dans la nature que par et dans les interactions. Les corps physiques et les êtres vivants existent et agissent ainsi en association les uns avec les autres : « on n'a pas encore trouvé quelque chose agissant de manière totalement isolée » (LW2, 250). On pourrait en ce sens dénoncer le mythe de l'action privée, qui soutiendrait qu'on peut comprendre en droit l'action de X de manière totalement indépendante de l'action d'autres choses comme si une telle action procédait uniquement et exclusivement de X. Une telle vue rendrait impossible à comprendre l'action conjointe (faisant intervenir plusieurs acteurs), puisqu'elle reposerait sur une conception atomiste des actions (en philosophie sociale, l'individualisme théorique est victime d'un tel mythe). Aux yeux de Dewey, l'action conjointe est la règle dont il faut partir si l'on veut comprendre, en terme de contribution originale, une action personnelle (qui n'est pas une action privée, purement individuelle). Cela signifie qu'un environnement naturel est tout autant « social » que « physique », au sens où fait partie de l'environnement d'une chose toute action d'autre chose avec laquelle l'action caractéristique de la chose en question varie ou peut varier et qu'elle modifie ou peut modifier à son tour. Ainsi les autres plantes, mais aussi les animaux et les êtres humains, qui entravent ou facilitent la croissance d'un arbre donné font partie de son environnement, tout autant que les facteurs physiques tels que la composition du sol ou les conditions de luminosité. La question n'est donc pas de savoir comment des individus humains présociaux en viennent à s'associer pour former une société, l'humanité étant une espèce naturellement sociale, mais quel mode d'association spécifique a émergé avec les interactions sociales humaines (Dewey réserve parfois le terme de « social » à l'association proprement humaine, *cf.* LW3, 41-54).

Ce qui, dans un environnement d'associations, transforme une action vitale en action sociale (au sens humain du terme), c'est la participation. En effet, ce n'est pas parce que l'enfant à la chandelle a affaire à un produit manufacturé que son action est sociale-humaine. Même si l'expérience était conduite sous la surveillance d'un éducateur voulant donner une bonne leçon à l'enfant, l'action de l'enfant, même dans sa dimension conjointe avec celle de l'éducateur, ne serait pas encore sociale-humaine. Il s'agirait d'un dressage, dont l'objet serait de substituer chez l'enfant des réactions conditionnées à des réactions naturelles comme on peut le faire avec un animal. La différence entre le dressage et l'éducation est que le cheval de labour ne partage pas les fins de l'action qu'on lui fait accomplir : il n'acquiert pas un nouvel intérêt pour l'agriculture, mais n'est intéressé à cette action conjointe avec le laboureur que parce qu'elle conditionne la satisfaction d'intérêts préexistants et indépendants de cette activité conjointe (manger la carotte). L'action, de conjointe (*joined* ou *associated*), devient proprement partagée (*shared*) ou commune (*common*), et l'association devient alors proprement sociale-humaine, lorsqu'un individu prenant part à cette action en vient à en partager les fins, de sorte que la réussite et l'échec de cette action est ressentie comme sa réussite ou son échec. L'individu qui partage les fins d'une action conjointe dans laquelle il est engagé en vient à voir sa propre action comme une contribution à la réalisation de ces fins si bien que l'anticipation des conséquences partageables entre dans la détermination de son action personnelle. Contrairement au cheval, l'individu qui participe sous ce mode à la réalisation de l'action est un partenaire et non un simple instrument de l'action (DE, MW9, 16-18 – on peut bien sûr éduquer certains animaux comme on peut dresser les humains).

Mais il ne suffit pas de poser une fin commune pour avoir une action commune entre partenaires, car les rouages d'une machine ont une fin commune sans que cette fin entre dans l'ajustement de leur action. Il faut que chaque partenaire soit intéressé à la fin commune, ce qui suppose la communication de l'intérêt : « les interactions, les transactions ont lieu *de facto* et les résultats de l'interdépendance s'ensuivent. Mais la participation aux activités et le partage des résultats sont des intérêts supplémentaires. Ils exigent la *communication* comme prérequis » (PP, LW2, 330). Un mode d'association devient donc proprement humain et mérite le nom de « communauté » lorsqu'il y a communication des fins de l'action associée, participation aux moyens de leurs réalisations et partage des conséquences (de sorte que ces conséquences, étant distribuées sur tous les partenaires, modifient le cours de l'activité commune future). L'analyse de la communauté que propose ici Dewey n'est pas encore, notons-le, normative et politique mais descriptive et anthropologique : nous verrons plus tard que toute communication n'est pas nécessairement émancipatrice (la propagande est une forme de communication), toute éducation pas nécessairement progressiste (l'endoctrinement n'est pas un dressage, mais bien un type d'éducation parvenant à faire réellement partager des fins), et toute participation pas nécessairement démocratique (une secte ou un gang sont des communautés). La communauté comme forme humaine spécifique d'association est donc sous condition de la participation des acteurs de l'action associée, elle-même sous condition de la communication des fins de l'action.

Mais qu'est-ce qui rend possible cette communication des fins elles-mêmes, et par là la communauté ? La réponse de Dewey est qu'un seul et même opérateur réalise l'émergence de la qualité sociale et de la qualité mentale de la conduite à partir de la conduite vitale : le langage. Pour revenir à l'exemple de l'enfant à la chandelle qui nous a servi à comprendre l'émergence du mental, il faut souligner à présent que « retirer la main quand on touche quelque chose de chaud [ne fait pas partie] des cas typiques de comportement *humain* » (LTI, LW12, 48, ns) : c'est un comportement vital, explicable par la psychologie biologique, mais ce type de comportement est comparativement rare, et il n'est donc pas spécifique du type humain d'interaction, dans sa dimension sociale. Si le type d'interaction favorisé par le langage produit le commun à partir du vital, c'est d'abord parce que le langage émerge de modes de communications vitaux antérieurs, c'est-à-dire des modes d'action conjointe plus simples. Compte tenu de ce milieu d'émergence, la signification des mots n'est pas privée comme le présupposent les mentalistes qui font des mots les marques extérieures des idées intérieures ; elle n'est pas non plus une entité surnaturelle comme le supposent les platoniciens qui la posent comme essence intelligible des choses sensibles – dans les deux cas, les significations sont conçues comme existantes indépendamment de tout échange social, et, d'une manière ou d'une autre, sont par là introduites comme des phénomènes surnaturels (EN, LW1, 133-135).

Mais la communication par signes n'est pas pour autant réductible aux échanges de signaux entre êtres vivants : si le père crie au moment où l'enfant tend le bras pour toucher la flamme, l'enfant peut réagir à ce cri comme à un stimulus direct et modifier simplement sa conduite en conséquence, sans qu'il y ait eu communication d'un message. Mead, dont Dewey s'inspire pour sa propre théorie naturaliste du langage, avait montré à partir du cas d'un combat de chiens que la communication commençait à émerger lorsqu'un animal, entendant le son qu'il produit lui-même et qui stimule un congénère, en vient à faire le lien entre le son qu'il s'entend produire et la réaction qu'il déclenche chez son congénère. Il comprend alors son propre geste sonore à la lumière de la réaction de l'autre, si bien qu'il peut en venir à utiliser son geste sonore d'une nouvelle manière, pour communiquer une conséquence possible (je suis prêt à mordre) plutôt que pour stimuler directement une réaction : il s'ensuit toute une « conversation de gestes » entre les deux chiens qui peut se terminer sans violence ouverte (*cf.* Mead, 2006). La communication n'émerge donc, en conclut Dewey, que lorsque les êtres engagés dans l'action conjointe en viennent à adopter le point de vue des autres. Lorsque un organisme comprend le point de vue de l'autre sur l'action conjointe et qu'il commence également à considérer ses propres réactions du point de vue de l'autre, alors l'introduction de ce nouveau type de continuité sociale coïncide avec l'établissement d'une action véritablement commune. Si le père dit à son enfant de lui apporter la chandelle qu'il indique du doigt, l'enfant ne réagira plus, à un certain stade de son développement, au geste et au son comme tels (en regardant le doigt, en émettant à son tour des bruits), mais au geste et au son comme signes d'autre chose et son attention sera transférée du mouvement et du son à la chandelle. Mais ce transfert ne consiste pas non plus à réagir à la chandelle comme il le ferait de manière naturelle, par le réflexe de préhension, mais à y réagir selon l'interaction que son père a ou veut avoir avec la chandelle. Et réciproquement, le père réagit à la chandelle non pas de son seul point de vue, mais comme à quelque chose qui peut être saisi et apporté, et par conséquent sa perception et sa réaction à l'objet intègre la manière dont cet objet fonctionne ou peut fonctionner dans l'expérience de son enfant. Cette double intégration réciproque du point de vue de l'autre dans la détermination de l'action de chacun est « l'essence de la communication », par laquelle une référence est érigée en commun « à deux centres de comportement » (EN, LW1, 141). La signification des mots est par là constitutivement commune et objective, le degré de compréhension entre les partenaires reposant sur le degré d'intégration réciproque des perspectives d'actions de chacun dans la situation commune. Et la valeur de cette intégration est d'ailleurs jugée par les conséquences de l'entreprise commune : si l'enfant échoue à rapporter la

chandelle, c'est le signe d'un manque de décentrement
de son action. L'accord sur la signification des mots
dépend ainsi d'un accord dans l'action. C'est la raison
pour laquelle la communication est la condition de la
participation à une action véritablement commune et
donc de la constitution d'une communauté de partenaires.

D'une part donc, le langage est à la fois le produit
et la condition du passage du comportement biologique
au comportement social humain. Mais d'autre part, et de
ce fait, le comportement biologique acquiert la qualité
mentale dont nous parlions. Le langage est premier sur
la pensée, pour Dewey, au sens où le langage désigne
au sens large une certaine manière d'intégrer des
choses physiques dans de nouvelles interactions qui
permettent de les utiliser comme signes de certaines
conséquences possibles. De même qu'un bout de métal
ne devient monnaie que lorsqu'il est intégré dans une
certaine organisation sociale qui lui confère une nouvelle
fonction et qualité, de même un son, un geste, un tracé,
bref des faits physiques ou biologiques, ne deviennent
des signes langagiers que de la manière dont ils sont
utilisés dans des interactions plus vastes, où les individus
ne réagissent plus seulement à leurs propriétés physiques
mais à la situation d'interaction commune dans laquelle
ils sont employés. Dès qu'il y a « usage fonctionnel
commun » (LTI, LW12, 52), il y a signe et signification.
Une cérémonie, un monument, les objets manufacturés
sont des choses physiques qui sont en même temps
des modes de langage, car ils signifient pour ceux qui
les comprennent certains usages et leurs conséquences.
Un outil, dans la mesure où il « est intrinsèquement
relationnel, anticipatoire et prédictif » (EN, LW1, 146),

possède également cette structure sémiotique : au lieu de faire l'objet d'une réaction immédiate à ses propriétés physiques, il est utilisé comme enfermant des relations avec autre chose, comme moyen pour atteindre des conséquences désirables. Le feu n'est alors plus seulement une chose physique en interaction avec d'autres choses physiques, mais ces interactions physiques mêmes sont intégrées dans des relations plus vastes où il est explicitement employé comme moyen *pour* obtenir de la lumière ou *pour* cuire des aliments, tant et si bien que de telles relations pourront s'*institutionnaliser* en un outil distinct (une allumette par exemple).

Le langage est ainsi « l'outil des outils » (EN, LW1, 134) dans la mesure où, par l'usage des signes symboliques objectivant des références communes dans les situations d'action conjointe, il est l'opérateur d'objectivation et d'institutionnalisation de la relation entre l'usage d'une chose et ses conséquences possibles. En effet, selon Dewey, une fois que cette opération a été rendue possible grâce au langage et dans le cadre des actions coopératives, elle a pu être projetée sur l'ensemble de la nature pour traiter toute chose comme un signe. On voit qu'aux yeux de Dewey, le langage – dans le sens large – désigne en réalité toute forme de médiation, toute création d'un médium qui permet de ne plus réagir immédiatement aux sollicitations de l'environnement mais de réagir à des signes, c'est-à-dire de manière prospective. Les outils (qui désignent donc non pas un certain type d'objet, mais un certain usage des choses) sont de telles médiations entre l'organisme et l'environnement : l'organisme ne rencontre plus frontalement les choses comme des obstacles ou des sources de satisfaction directe, mais tourne ces choses en instruments et moyens d'éviter ces obstacles et de se procurer ces satisfactions (AE, LW10, 66) – comme le feu qui, d'objet de plaisirs ou de peines immédiats, devient moyen pour les obtenir ou les écarter. Il n'est donc pas étonnant que les anthropologues caractérisent l'humanité par la possession du langage et de la technique, les deux étant en réalité les deux faces d'une même médaille (les mots sont des outils, les outils sont des signes).

C'est pourquoi, lorsque l'enfant réagit la seconde fois à la chandelle qui l'a brûlé en fonction de son expérience passée et compte tenu des expériences futures possibles, sa pensée est déjà et constitutivement, comme dirait Peirce, une pensée-signe. La qualité mentale de son comportement, due comme nous l'avions noté au fait qu'il réagit non plus à la lumière comme simple stimulus physique mais à la lumière comme signe de la brûlure possible, est conditionnée selon Dewey par l'objectivation de la relation générale entre le feu et la brûlure (sinon, l'enfant réagirait à la seconde flamme comme s'il s'agissait d'une toute autre flamme). Et dès lors que ses interactions avec l'environnement sont entrées dans l'ordre du discours, l'enfant peut même chercher à explorer activement les propriétés du feu en explorant d'autres connexions et d'autres usages possibles (EN, LW1, 221). La capacité de traiter une chose comme signe naturel d'une autre (le nuage, la pluie possible, etc.) est ainsi conditionnée par la capacité à utiliser des symboles linguistiques objectivant et généra-lisateurs. Dit de manière plus brusque, la capacité de faire des inférences est conditionnée par la capacité à communiquer (LTI, LW12, 61-62).

Cette thèse de Dewey aura des conséquences épistémologiques importantes sur la dimension constitutivement publique de l'enquête et la communicabilité de ses procédures et résultats, mais elle est d'abord dirigée contre l'idée d'un esprit isolable du reste du monde et clos sur lui-même : si la pensée n'est pas communicable, elle n'est pas pensée. Non seulement l'esprit est une fonction du comportement de l'organisme en interaction avec son environnement, mais il est une fonction du comportement commun : c'est non pas une possession originelle, mais un produit de la vie associée. Dewey en vient ainsi à définir l'esprit comme le système organisé des significations (donc un langage) produit par les activités passées et qui fournissent le contexte d'arrière-fond des interactions intelligentes présentes. C'est un ensemble d'habitudes, c'est-à-dire de coordinations acquises, qui s'interpénètrent et qui opèrent de manière continue en arrière-plan, même lorsque ce n'est pas de façon manifeste et consciente (comme l'habitude de marcher opère encore au repos dans l'évaluation des distances par la vue, *cf.* HNC, MW14, 29). La conscience correspond à la focalisation de l'esprit pour les besoins du contrôle de l'interaction présente. Elle est l'ensemble des coordinations passées mobilisées de manière manifeste et dominante pour répondre à la situation présente, ensemble qui est en même temps pris dans un mouvement de réorganisation et de création de nouvelles coordinations en vue du réajustement nécessité par la nouveauté et la particularité de la situation. Il y a ainsi une dialectique entre l'esprit-habitude (le champ, le passé-présent, le système organisé des significations) et la conscience-attention (le foyer, le présent-futur, la perception en cours des significations). La conscience est un peu comme la parole de ce langage qu'est l'esprit, elle le renouvelle tout autant qu'elle en dépend, assurant le développement continu (la reconstruction continue) de la personnalité. C'est le moment présent du drame qui porte avec lui les épisodes passés mais qui donne un tour nouveau et surprenant à l'intrigue (c'est pourquoi elle est plus vive dans les moments de suspens, correspondant à la suspension de l'action en raison de l'inadaptation du système organisé de la conduite). Dans tous les cas, en tant que fonction de l'esprit qu'elle concentre sur les urgences du présent de l'interaction (ou plutôt, en tant que pointe avancée de l'esprit lui-même dans le présent), elle se comprend, comme lui, non en termes de sphère intérieure privée mais en termes d'action dans le monde (sur ces rapports conscience/esprit, *cf.* EN, LW1, 229-240).

Si les interactions proprement humaines avec l'environnement sont médiatisées par des signes, alors l'expérience – en tant que phase humaine du développement de la nature – n'est pas ce pur donné sensible et pré-linguistique dont les philosophies traditionnelles ont parlé : « le caractère de l'expérience quotidienne qui a été le plus systématiquement ignoré par la philosophie est l'ampleur avec laquelle elle est saturée des résultats de l'échange social et de la communication sociale » (EN, LW1, 6). Le seul moyen pour un groupe humain de maintenir la continuité sociale de son existence de génération en génération est d'initier les nouveaux nés aux intérêts, valeurs ou savoir-faire du groupe, par la transmission des manières communes de réagir, de percevoir et de penser. Sans partage des intérêts communs

et participation aux activités (y compris perceptives)
communes, et donc sans communication, le nouveau-né
ne pourra devenir membre de la communauté (DE, MW9,
chap. 1-2). Cette socialisation de l'enfant passe par la
formation et la direction de ses manières indirectes de
réagir face aux sollicitations de l'environnement comme
de ses manières d'utiliser les choses : même les stimuli
sont culturellement « chargés » (DE, MW9, 42) dès lors
qu'ils sont utilisés comme signes. Il en résulte que ses
modes réfléchis de conduite, c'est-à-dire son esprit, sont
socialement produits. Nous retrouvons les conclusions
de la psychologie biologique sur le caractère dérivé de
l'esprit, mais comment les articuler avec celles de la
psychologie sociale ? Le fait que les deux points de vue
convergent dans la critique du mentalisme ne garantit
pas que nous ne soyons renvoyés à présent à un nouveau
dualisme entre le biologique et le social, la nature et la
culture. Le primat du point de vue social pour comprendre
le comportement humain ne revient-il pas à annuler le
point de vue biologique ? L'expérience est-elle à ce point
« saturée » de culture, chaque expérience personnelle
variant alors en fonction du groupe social, qu'on ne puisse
plus assigner de nature humaine, sauf aux tout premiers
réflexes désordonnés du nouveau-né ? C'est précisément
à cette question que se consacre la psychologie sociale :
la psychologie sociale n'est pas le complément de la
psychologie individuelle, puisque celle-ci n'existe pas,
elle est le complément de la psychologie biologique, et
son problème est de savoir comment s'articule non pas
un mythologique esprit individuel avec un esprit de foule
encore plus mythologique (ou des représentations dites
collectives), mais les activités biologiques instinctives

de l'homme avec ses habitudes socialement acquises. Son questionnement est double, et il a une portée normative (comme devrait l'être toute enquête humaine selon Dewey) : de quelle manière réorganiser les activités originelles pour former les bonnes habitudes de penser et d'agir (problème de l'éducation)? ; de quelle manière réorganiser les habitudes et institutions sociales désajustées en s'appuyant sur les impulsions naturelles (problème de la réforme sociale)? (*cf.* MW10, 53-63).

Comme pour les autres cas où un dualisme conduit à l'opposition de deux doctrines extrêmes, Dewey renvoie dos-à-dos ces deux positions en défaisant le dualisme de l'intérieur. Un naturalisme (réductionniste) qui prétend ramener une institution sociale à l'expression d'un instinct (la guerre à l'agressivité naturelle de l'homme, le capitalisme à son instinct de propriété) non seulement rencontre le problème théorique de proposer une pseudo-explication qui ne fait que parler deux fois de la même chose comme effet et comme cause, mais il a comme effet pratique d'interdire *a priori* toute possibilité de réforme sociale. Ramener les institutions et habitudes à une nature humaine fixe et immuable (que ce soit à la manière ancienne de la métaphysique sous forme d'une essence de l'homme ou à la manière plus contemporaine du biologisme sous la forme d'une liste déterminée d'instincts rigides), c'est ériger en nécessité naturelle intouchable certaines organisations sociales historiquement constituées. D'un autre côté, un culturalisme qui pose que la totalité de la conduite est socialement construite et n'a rien à voir avec la nature, outre qu'il rencontre le problème théorique de rendre compte des relations entre l'homme et la nature à partir d'une position dualiste, aboutit à la conséquence pratique symétriquement inverse selon laquelle l'éducation serait omnipotente (sur Helvétius, *cf.* HNC, MW14, 76). Puisque les enfants sont censés ne posséder aucune tendance naturelle à agir, aucun pouvoir d'initiative spontanée, ils sont pensés comme étant totalement malléables dans leur passivité et leur vacuité, et les adultes peuvent faire ce qu'ils veulent de ce matériau non rétif, négliger leurs intérêts et leur imposer autoritairement les manières de penser et d'agir qu'ils jugent utiles, en valorisant chez eux les tendances à la docilité et à la conformité et en condamnant toute action spontanée de leur part comme agitation et dissipation.

Mais ces deux positions méconnaissent aussi bien la nature de l'instinct et de l'habitude que leur relation. Dewey a des réserves sur le terme d'instinct appliqué à l'homme, même s'il apprécie l'importance de sa reconnaissance (relativement récente) en psychologie. D'une part, parce que les activités natives ne sont que le fonctionnement de la structure organique (notamment nerveuse), si bien qu'il n'est pas besoin entre la structure et la fonction d'invoquer une tierce entité mystérieuse. D'autre part et surtout, les instincts chez l'homme – comme l'avait déjà montré James dans ses *Principles* – sont beaucoup moins fixes et beaucoup plus nombreux que chez les animaux, comme le montre la plus longue période de dépendance de l'enfant humain (la différence homme/animal ne passe donc pas par l'opposition nature/ culture mais doit être observée à l'intérieur de la nature comme de la culture). Mais cela ne veut pas dire qu'il n'y ait pas de tendances natives à agir, pour lesquelles Dewey préfère le terme d'« impulsion », terme qui manifeste mieux à la fois l'idée d'énergie active et plastique et celle d'absence de coordination, de direction et de stabilité (HNC, MW14, 75). Certes, Dewey commence *Human Nature and Conduct* non par l'inné, comme on pourrait s'y attendre, mais par l'acquis, du fait qu'il considère les instincts du nouveau-né humain comparativement si peu ajustés qu'il dépend entièrement pour sa survie de son milieu social aux habitudes bien formées, si bien que la culture semble primer sur la nature (HNC, MW14, 65-66). Le stock inné de tendances natives à l'action est aussitôt converti en habitudes par l'interaction avec l'environnement social, qui organise cette dépense d'énergie en manières régulières et ordonnées d'agir, de percevoir et de penser qui sont donc socialement acquises et communes.

Mais on aurait tort de concevoir cette mise en forme de la nature humaine à la manière transcendantale, comme si elle était le fait de formes culturelles communes, de schèmes sociaux de penser et d'agir, imposés à une matière naturelle rhapsodique – même si l'on peut d'une certaine façon dire que les instincts sont aveugles sans les habitudes et les habitudes sont vides sans les instincts. Souvenons-nous que les connexions sont déjà données dans l'expérience pour Dewey, et que les habitudes sont de telles connexions. Les métaphores de Dewey, celle du tissage ou celle de la direction, montrent bien que les habitudes culturelles *ne sont rien d'autre* que les activités naturelles mais canalisées, régulées, coordonnées entre elles et réorientées vers certaines fins. Il n'y a pas de forme logiquement séparée ou de schème logiquement antécédent qui assurerait une direction toute extérieure, car les habitudes sont les impulsions mêmes canalisées pour être rendues stables et communes (ce qui ne peut pas d'ailleurs se faire en agissant directement sur les impulsions comme un moule sur une patte molle, mais en agissant sur l'environnement, en procurant aux impulsions certaines stimulations pour les réorienter, *cf.* DE, MW9, chap. 2). Les habitudes sont ainsi des manières de contrôler, de guider ou de diriger (les trois termes sont synonymes pour Dewey) les impulsions, mais « toute direction n'est qu'une *re*-direction ; elle aiguille les activités déjà en cours dans une autre voie » (DE, MW9, 30) – ce qui correspond bien, du point de vue biologique, au frayage d'un nouveau circuit nerveux pour rediriger un courant nerveux qu'il n'y a pas à produire puisqu'il relève du fonctionnement naturel de la structure organique. Il n'y a pas à produire l'action, seulement à en contrôler le cours. Alors la peur, impulsion naturelle, peut devenir une disposition à la prudence ou bien à la superstition ou bien à la déférence ou encore au scepticisme comme autant de moyens différents d'utiliser la même nature humaine. Ou alors les gestes désordonnés de l'apprenti-nageur qui agite de manière impulsive ses bras et ses jambes dans tous les sens en s'essoufflant rapidement se coordonneront entre eux et s'enchaîneront dans les séquences rythmées d'une conduite organisée.

C'est pourquoi le pédagogue court à l'échec s'il ne part pas de ces activités « déjà en cours » chez l'enfant pour en orienter la direction de croissance. D'ailleurs, on ne pourrait rien apprendre à un être entièrement passif, sans réactions, puisque ce sont ces réactions qu'on éduque (sur les « ressources natives » pour apprendre à penser et l'enseignant comme timonier qui ne fait pas avancer le bateau mais cherche seulement

à en diriger la course, *cf.* HT2, LW8, chap. 3). C'est
pourquoi également, les habitudes, comme les instincts,
sont présentées dès la première page du livre, comme
des fonctions de l'environnement, dans la même comparaison avec la respiration, puisqu'elles ne sont que ces
activités modifiées. C'est pourquoi, enfin, lorsqu'il y a
un conflit d'habitudes entraînant la désorganisation des
manières communes et stabilisées d'agir, les impulsions
sont libérées et redeviennent disponibles pour former de
nouvelles habitudes. Toute action a d'ailleurs quelque
chose d'impulsif quand elle réalise quelque chose de
nouveau et non pas d'habituel. L'éducation ne consiste
donc pas à supplanter les tendances naturelles d'agir par
des manières socialement acquises, mais à socialiser
et stabiliser ces tendances mêmes qui ne sont jamais
annulées, puisqu'elles fournissent l'impulsion même
à agir, la force motrice, l'élan vital pourrait-on dire,
quand les habitudes donnent l'unité et la direction. Il
ne serait pas possible d'apprendre à l'enfant à parler
s'il n'avait pas une capacité native à la communication,
comme le montre le babil : il faut un germe pour que la
plante croisse, et la plante n'est pas autre chose que le
germe développé. D'un autre côté, cette potentialité à la
communication ne se réaliserait pas en langage si l'enfant
n'était en interaction avec des adultes qui orientent cette
tendance naturelle en fonction de la direction donnée
par les habitudes linguistiques déjà formées de la
communauté.

Nous changeons ainsi de point de vue : puisque
culture et nature ne sont plus opposées, puisque la culture
est une manière d'utiliser la nature, la question devient
celle de savoir de quelle manière la nature est utilisée.

L'opposition importante n'est donc pas entre impulsions et habitudes, mais entre habitudes routinières et habitudes intelligentes comme deux manières de canaliser les impulsions humaines (HNC, MW14, 60). Les habitudes routinières sont mécaniques, répétitives, adaptées de manière rigide à un type spécifique de situation, fonctionnent comme des causes déterminantes d'action et sont en effet privées de pensée. Mais elles ne sont pas le seul régime de disposition. Les habitudes intelligentes n'étouffent pas l'impulsion sous le mécanisme mais en conservent la plasticité et la variabilité, comme le montrent les mouvements du pianiste qui improvise ou ceux du nageur au milieu des vagues. La réflexion elle-même est une habitude, qui s'apprend et se développe à partir des impulsions naturelles de l'enfant à découvrir, essayer, manipuler, voir comment ça marche. C'est ainsi l'usage qu'elle fait de la nature qui donne le sens et la valeur d'une culture, et la question qu'on doit poser à toute culture (comme à toute institution sociale) est de savoir quel type d'habitude, de disposition, d'attitude, elle cultive : routine ou intelligence ? Adaptation à la situation existante ou adaptabilité, imagination et inventivité pour la transformer ? Conformisme ou esprit d'expérimentation ?

Nous en revenons ainsi aux relations de l'esprit et du corps après celles de la nature et de la culture : s'il y a des habitudes intelligentes, c'est que l'intelligence ne désigne pas une entité séparée du comportement, mais un certain mode de comportement. De même que l'habitude est une modification de l'impulsion, la pensée est une modalité de l'habitude. L'intelligence sera définie précisément, contre le régime routinier de l'habitude, par la capacité à se défaire de ses habitudes, la capacité au ré-ajustement, à la reconstruction des manières de penser et d'agir établies – capacité qui se cultive et qui forme le cœur de l'attitude expérimentale, alors que le dogmatisme correspond à une mécanisation des habitudes de penser. Il y a ainsi des « activités en cours », et ces activités deviennent intelligentes en fonction du type d'habitude inculqué par le milieu social (à commencer par le langage). Dans plusieurs passages de son œuvre, Dewey signale que l'« esprit » ne devrait pas être compris comme un substantif (ce qui revient à hypostasier un aspect du comportement pour l'ériger en cause séparée du comportement), ni même comme un adjectif (comme sa formule de « qualité mentale » pourrait parfois l'indiquer), mais comme un adverbe (*cf.* par ex. UPMP, 203, 207). Un adverbe est une partie du discours qui vient préciser le mode d'agir indiqué par le verbe auquel il est adjoint (« Un adverbe exprime une manière, un mode d'agir », RP, MW12, 169). Il présuppose donc un verbe, une activité « déjà en cours » (*going on*). Les verbes que nous avons rencontrés tout au long de cette partie, et qui indiquent de telles activités, sont : vivre, expériencer, faire, agir et subir. La conclusion est que la pensée désigne une certaine manière de vivre, d'expériencer ou de se conduire, et non un processus intérieur isolable en droit de la vie, de l'expérience ou de l'action. La pensée n'est rien d'autre que l'action intelligente, ou plutôt même, n'est rien d'autre qu'agir intelligemment. La différence entre l'esprit et le corps n'est ainsi, ni plus ni moins, que la différence entre deux modes d'interaction, vitale et mentale, l'action intelligente intégrant l'action vitale dans des interactions plus larges de type social. L'esprit est donc observable dans les continuités qu'une action peut manifester, lorsque les gestes sont coordonnés entre eux en vue d'une fin, lorsque chaque phase de l'action prend en considération les résultats des phases précédentes et prépare les suivantes avec en vue les conséquences à plus ou moins long terme, lorsqu'enfin le cours tout entier de l'action est modifié par les actions des autres qu'il modifie à son tour en fonction d'un intérêt commun. Dewey a relevé que la caractéristique de la philosophie moderne (au sens normatif) était de « *get everything into the open* » (UPMP, 171). En reconstruisant doublement les concepts d'expérience et d'esprit par la psychologie du comportement et par celle des habitudes et institutions sociales, par la vie et par la culture, il a voulu expurger les dernières qualités occultes qui demeuraient dans la philosophie moderne, et qui empêchaient de comprendre la place réelle de l'épisode humain dans l'histoire de la nature. Les inférences ne se passent pas dans la tête, ce sont des modes de comportement dont on peut observer la différence avec les modes de réaction directe, si bien qu'ils ont lieu « en public, *en plein air* », ce sont des « *outdoor fact[s]* » (MW10, 90-9). C'est précisément ce mode de comportement intelligent, ce mode réfléchi d'expériencer, que Dewey appelle « enquête », et sur lequel on peut, comme sur tout événement naturel et tout phénomène observable, enquêter par les moyens ordinaires.

LA LOGIQUE DE L'ENQUÊTE EXPÉRIMENTALE

La logique du point de vue génétique et fonctionnel

La théorie naturaliste de l'expérience humaine fournit une présomption en faveur de la proposition centrale de Dewey selon laquelle la logique de la connaissance morale qui porte sur les fins et valeurs humaines est en continuité avec la logique de la connaissance empirique qui porte sur les phénomènes naturels. On ne peut plus en effet écarter d'emblée la thèse d'une continuité entre les méthodes en prétextant de vastes discontinuités entre l'homme et la nature, l'esprit et le corps, la conscience et le monde, le culturel et le biologique. Il reste que des obstacles internes à la manière dont sont conçues la connaissance empirique comme la connaissance morale peuvent encore bloquer le mouvement d'extension des méthodes, si bien qu'il faut entrer dans ces deux grands domaines pour y déloger les dualismes spécifiques qui empêcheraient là encore leur mise en continuité. Dewey dégage et critique deux présupposés complémentaires qui lui semblent être hérités de la métaphysique classique : d'une part, que la connaissance empirique est une forme de contemplation, puisqu'elle est censée refléter une réalité antécédente sans la modifier ; d'autre part, que les objets de la connaissance morale, les valeurs, ne sont pas des phénomènes empiriques que l'on pourrait étudier selon des méthodes similaires à celles des sciences naturelles. Le premier définit la nature de la connaissance indépendamment de toute tentative de transformation de la réalité (qui ne peut être, lorsqu'elle se produit, qu'un phénomène adjacent et secondaire mais non constitutif) ; le second définit la connaissance des valeurs indépendamment de toute expérience publique (soit que les valeurs désignent des objets transcendant l'expérience, soit qu'elles renvoient à des expériences subjectives privées). Lorsqu'on lit les analyses de Dewey sur la connaissance ou bien celles sur les valeurs, il faut ainsi bien garder en tête le projet général qui consiste à les reconstruire conjointement : les dualismes internes qu'il dénonce en épistémologie (comme entre la raison et l'expérience, et, *a fortiori*, entre la connaissance et l'action) ou bien en morale (entre l'idéal et le réel, et, *a fortiori*, entre les fins et les moyens) sont toujours à comprendre comme des ombres portées du dualisme plus large de la connaissance empirique et des valeurs morales.

Si l'on part du pôle de la connaissance empirique, Dewey déploie deux grands arguments pour combler le gouffre, le premier prenant la connaissance par le bas et le second par le haut. Le premier est en effet un argument naturaliste, dans la continuité de « l'approche biologique-anthropologique de l'expérience » (LW14, 10), et qui porte principalement sur la connaissance de sens commun, avec des exemples tirés de la vie ordinaire. Il consiste à faire de la connaissance non pas la possession d'un sujet pensant mais un mode de comportement, qui est à la fois spécifique et en continuité avec les activités vitales de l'organisme : c'est le comportement consistant à *résoudre des problèmes* apparaissant dans les inter-actions avec l'environnement (que les instincts et les habitudes ne peuvent résoudre à eux seuls). Le second est un argument épistémologique (au sens de la philosophie des sciences) qui consiste à affirmer que la théorie de la connaissance doit prendre pour modèle la pratique des

sciences, telle qu'elle est notamment illustrée, en raison
de leur maturité, par les sciences physiques modernes,
au lieu de partir de concepts philosophiques abstraits
(tels le « sujet » et l'« objet » de la connaissance). Cette
pratique est caractérisée selon Dewey par l'usage de
l'expérimentation ; or cette méthode a assuré le progrès
des sciences depuis les XVIᵉ-XVIIᵉ siècles précisément
parce qu'au lieu de laisser inchangé le phénomène à
connaître, elle consiste à le modifier de manière délibérée : l'action n'est pas un phénomène accessoire et
secondaire de la connaissance scientifique, elle en est
le principe. Ce qui articule entre elles ces deux thèses
est l'identification par Dewey d'un schème commun
de la pensée cognitive, quelle que soit la nature du
problème abordé ou des fins recherchées (ordinaires ou
scientifiques), structure commune qui est également en
continuité avec le schème du comportement vital que
nous avons rencontré. Il n'y a ainsi pas de « coupure
épistémologique » entre l'être vivant et l'être pensant,
entre l'enfant et l'adulte, entre l'homme ordinaire et le
savant, bien qu'il y ait des différences considérables
dans la nature de leurs problèmes, des moyens engagés
pour les résoudre et des fins poursuivies. La science
expérimentale est ainsi conçue comme étant la phase la
plus développée de l'expérience cognitive, elle-même
développement d'une expérience pré-cognitive qui est
déjà un « faire ». Lorsque l'enfant fait le lien entre ce qu'il
subit (*undergoing*) et ce qu'il fait (*doing*), ce « *doing* »
devient une forme de « *trying* », où la relation elle-même
entre ce qu'il fait et les conséquences possibles de son
action devient l'objet de l'expérience : cette activité
exploratoire est le germe de l'expérimentation.

Ces thèses sont présentées de deux points de vue. Le premier est analytique, au sens où Dewey cherche à identifier les différents éléments et leurs relations impliqués dans cette structure commune à tout acte de connaissance : c'est l'analyse du « schème de l'enquête » présenté dans plusieurs chapitres de son œuvre. Le second est historiciste, au sens où il oppose systématiquement les résultats de cette analyse avec les autres conceptions de la nature de la connaissance, en faisant valoir que ces autres conceptions dépendent des manières préscientifiques (pré-expérimentales) de penser. Ce qui s'appelle « épistémologie » depuis Kant (la théorie générale de la connaissance) retarde par rapport aux pratiques de connaissance et ce décalage explique les dualismes rémanents dans ce domaine comme les résistances opposées au projet de reconstruction. Le point de convergence des deux points de vue est dans la dénonciation de ce que Dewey appelle le « sophisme du philosophe » (EN, LW1, 34). Il s'agit d'une référence au « sophisme du psychologue » de James, qu'il avait lui-même développé philosophiquement en « abstractionnisme vicieux », et on pourra comparer utilement cet instrument critique des pragmatistes avec la « *fallacy of misplaced concreteness* » de Whitehead et au « mouvement rétrograde du vrai » de Bergson. Le sophisme du philosophe consiste dans les opérations suivantes : la sélection et valorisation d'une phase ou d'un aspect particulier de l'expérience (discrimination), son isolement et sa séparation des autres phases et aspects de l'expérience (abstraction), enfin – là commencent les opérations illégitimes – sa conversion en réalité antérieure à l'expérience dont elle est tirée avec son institution en principe même de cette expérience (réification), en excluant ainsi de la réalité les aspects et phases non sélectionnés (réduction). Ce sophisme est le moyen par lequel la quête de certitude fut réalisée dans la métaphysique : la permanence valorisée dans l'expérience fut érigée en éternité dont le temps empirique n'est qu'une dégradation, l'ordre observé dans les changements fut érigé en forme expliquant ces changements, etc. Mais Dewey décèle un tel sophisme à l'œuvre dès que l'on pense de manière dualiste (l'une de ses mentions les plus anciennes remonte à sa critique de l'arc réflexe, *cf.* EW5). Nous en avons déjà rencontré plusieurs modalités que nous pouvons distinguer (même s'il s'agit toujours du même sophisme, vu sous des angles différents) : 1) le sophisme du *mode* de l'expérience (ou de l'action), qui consiste à convertir ce qui n'a qu'une réalité adverbiale en une substance, comme lorsque l'esprit, qui est un mode du comportement, est érigé en entité indépendante du comportement et principe même de l'action, au mépris de la continuité des modes d'interaction ; 2) le sophisme de la *phase* temporelle, qui consiste à injecter dans une phase antérieure de l'expérience (ou de l'action) des caractéristiques d'une phase ultérieure et plus complexe, en les érigeant alors en principes ou constituants élémentaires du processus tout entier, comme lorsqu'on suppose que toute expérience est en elle-même déjà cognitive (ou que toute expérience est composée d'éléments simples), au mépris du développement temporel de l'expérience ; 3) le sophisme de la *fonction*, qui consiste à isoler une partie ou un aspect fonctionnel de l'expérience pour l'ériger en principe antérieur ou en tout de l'expérience, comme lorsque l'expérience est réduite à un donné purement sensoriel ou que le stimulus est déconnecté de la réponse, au mépris de la continuité du circuit organique.

C'est un tel sophisme qui est à l'œuvre dans les différentes théories de la connaissance (ou de la morale) que Dewey critique tour à tour et renvoie dos-à-dos, en s'appuyant sur l'analyse du schème de l'enquête, dans tous ses modes, phases et aspects. C'est pourquoi sa discussion prend très souvent la forme d'un passage en revue des différents dualismes qui structurent le champ en écoles antagonistes, comme le dualisme entre l'expérience et la raison qui explique l'opposition entre les empiristes et les rationalistes, ou celui entre l'idée et l'existence, qui explique celle entre les idéalistes et les réalistes (ou, en morale, le dualisme entre le bien et la loi qui explique l'opposition entre morale utilitariste et morale kantienne). Sa stratégie, loin d'une recherche du compromis ou de la combinaison éclectique, consiste toujours à faire valoir que chaque grande doctrine a isolé et érigé en principe de la connaissance un aspect ou une phase de l'expérience cognitive, si bien qu'une telle absolutisation, non assumée comme telle, conduit nécessairement aux oppositions qui structurent le champ. Ces oppositions artificielles ne découlent pas des facteurs et éléments eux-mêmes, mais de leur absolutisation (répondant à la quête d'un fondement certain), si bien que, pour récupérer la part de vérité que chaque doctrine comporte, il suffit de ramener ces concepts de leur hypostase métaphysique à leur fonction ordinaire au cours de l'enquête.

C'est ce que Dewey appelle la « méthode empirique » (EN, LW1, chap. 1), en continuité avec la méthode de clarification des idées de l'empirisme classique et du pragmatisme de ses aînés. Les distinctions qui font partie du mobilier familier de la pensée sont le produit d'une analyse du processus de l'enquête en différents modes, phases et aspects, et pour éviter de les considérer comme des réalités antécédentes qui seraient des conditions de possibilité de la connaissance elle-même, des fondements du processus lui-même d'enquête censés en garantir le bon déroulement en le contrôlant de l'extérieur, il faut revenir aux situations dans lesquelles ces distinctions émergent en réponse aux besoins de l'avancement de l'enquête. Les concepts et distinctions traditionnels de la philosophie de la connaissance reçoivent ainsi leur définition de leur origine, de leur place et de leur fonction distinctive au sein du processus d'enquête. Les dualismes métaphysiques apparaissent précisément lorsqu'on convertit ces distinctions qui ne sont que fonctionnelles et issues d'une division du travail d'enquête en des divisions ultimes et insurmontables. Le postulat de la méthode empirique est donc de clarifier la signification de chaque concept ou distinction conceptuelle (« fait et idée », « jugement et proposition », « sujet et prédicat », « particulier et général », « affirmation et négation », « forme et matière », « vérité », etc.) en les référant à la fonction pratique spécifique qu'ils accomplissent au sein de l'expérience d'enquête (EEL, MW1, 174). Ne pas être fidèle à une telle méthode, c'est introduire de l'extérieur une entité ou un facteur « surnaturel » en discontinuité avec les processus empiriques d'enquête et auquel ces processus devraient se conformer (que ce soient la Raison, les Catégories de l'entendement, la Réalité ou la Vérité), ce qui reviendrait en réalité à bloquer le processus de l'enquête en le limitant en droit, de manière absolue.

La première clarification à faire concerne bien sûr le concept de « connaissance » lui-même. La connaissance a une double fonction, correspondant à sa double place dans le cours des enquêtes. Les philosophies de la connaissance commencent souvent par une définition préalable de la connaissance en général qui en analyse les traits distinctifs (« mise en forme d'un matériau donné » ou « croyance vraie justifiée », etc.), sans relation particulière avec l'enquête comme procédure effective de production des connaissances. Réintégrée dans le cours de l'enquête, une connaissance se définit comme étant la conclusion propre d'une enquête en cours et une ressource pour les enquêtes à venir. L'enquête est ce qui garantit la vérité de la conclusion, et, étant ainsi garantie, cette conclusion est disponible pour servir d'instrument dans les enquêtes futures. Du point de vue d'une enquête en cours, la connaissance est donc la fin visée du processus, elle finalise l'activité de la pensée et s'identifie avec le moment où la pensée parvient à une conclusion satisfaisante : c'est la pensée dans l'acte de connaître (le *knowing*). Du point de vue des enquêtes futures, elle correspond au résultat consolidé des enquêtes passées, au stock des informations fiables utilisables, à ce qui est tenu pour acquis : c'est la pensée en tant que système des propositions connues disponibles (le savoir). C'est donc à la fois une fin et un moyen.

Parler dans l'abstrait de connaissance sans la réintégrer dans le développement temporel des enquêtes, c'est risquer de l'isoler de cette double fonction de conclusion garantie et de capital disponible. L'idée de connaissance immédiate est le produit d'un tel sophisme. Elle suppose que le résultat de l'enquête doive être garanti par une connaissance antécédente et indépendante de l'enquête, au lieu d'être garantie par les procédures de l'enquête elle-même qui la produisent. C'est, par conséquent, une manière de soustraire de prétendues « vérités » (dites premières) à l'enquête tout en soutenant qu'elles fondent l'enquête (les conclusions d'une enquête ne pouvant être dite vraies que si elles correspondent à ces « vérités » immédiatement connues hors enquête). L'idée d'une connaissance immédiate est seulement l'absolutisation de la fonction « patrimoniale » de la connaissance passée : toute enquête en cours dépend bien d'une connaissance antécédente qui en oriente et favorise les opérations, mais ces vérités premières sont premières relativement à l'enquête en cours et elles sont le résultat des enquêtes passées (QC, LW4, 149). Elles sont « immédiates » en un sens fonctionnel, mais non métaphysique, car l'immédiat (l'« accointance ») désigne non une propriété intrinsèque mais un rapport et un usage : c'est l'utilisation non problématique, familière, d'instruments établis et fiables au service d'une recherche portant sur ce qui est encore problématique et non établi – comme l'usage que vous avez de la grammaire française lorsque vous lisez cette phrase pour la comprendre. Mais ces vérités antérieures ne sont pas non plus des normes absolues de l'enquête en cours, qui s'imposeraient de l'extérieur comme des vérités définitives auxquelles devrait se soumettre l'enquête une fois pour toutes : en tant qu'instruments utilisés au cours de l'enquête, elles sont des aspects intégrés du processus, et peuvent par là-même être remises en question au cours de l'enquête (perdant alors leur qualité immédiate, pour entrer dans ce qui est problématique, objet de la réflexion). Ces deux fonctions sont la raison pour laquelle Dewey a voulu rebaptiser la connaissance (vraie) par l'expression d'« assertibilité garantie » (LTI, LW12, 16) :

la « garantie » est assurée par l'enquête juste passée dont l'assertion est la conclusion, et l'« assertibilité » renvoie à la capacité de cette conclusion à fonctionner au-delà de cette enquête particulière dans le continuum des enquêtes futures.

Cette analyse de la nature de la connaissance en terme d'activité de pensée évite bien le sophisme du philosophe, mais n'est-ce pas pour mieux tomber dans celui du psychologiste (la *genetic fallacy*), qui confond la nature de la connaissance avec la manière dont un individu particulier parvient à l'obtenir ? Dewey se défend d'avoir confondu la psychologie comme point de vue historique sur les processus empiriques de pensée et la logique comme point de vue normatif sur la connaissance justifiée (ce fut une critique de Peirce et de Russell). Il suspecte au contraire qu'un tel dualisme entre psychologie et logique est un autre moyen d'imposer aux enquêtes empiriques des normes logiques qui ne soient pas susceptibles de faire l'objet d'une enquête possible. Il diagnostique dans cette accusation toujours la même méfiance envers l'expérience censée être incapable de fournir les normes de sa propre régulation. Et il retourne le compliment en soulignant que ceux qui dénoncent l'intrusion de la psychologie en logique ne voient pas que leur propre philosophie dépend la plupart du temps de présupposés psychologiques préscientifiques (comme l'atomisme des données sensorielles dans le cas du réalisme analytique de Russell).

La première réponse de Dewey est en effet que la raison pour laquelle on peut vouloir défendre le dualisme entre la logique et la psychologie serait de concevoir la psychologie comme l'étude des processus internes et privés de la conscience sur lesquels il ne saurait être question de fonder les normes logiques ; mais un tel point de vue tombe de lui-même avec le type de naturalisme que défend Dewey. Si au contraire on part d'une position dualiste, on ne voit plus comment la logique pourrait venir réguler les processus psychologiques (ou les processus psychologiques venir appréhender les normes logiques) et donc faire une différence réelle pour la pensée : l'idéal serait si étranger au réel qu'il n'aurait aucune efficace. La seconde réponse est que les êtres humains enquêtent, c'est-à-dire réfléchissent, comme ils jardinent ou conduisent, et que les enquêtes passées fournissent un matériau historique empirique pour comprendre non seulement comment les hommes pensent mais comment ils devraient penser. Car c'est un fait observable que certains jardinent ou conduisent plus mal que d'autres. Au cours des siècles passées, les êtres humains ont cherché à améliorer leurs manières de penser comme ils ont cherché à améliorer leurs techniques de jardinage, et c'est par leurs conséquences que les différentes façons de faire ont été évaluées. C'est le jardinier qui peut dire au logicien : « vous les reconnaîtrez à leurs fruits ». L'expérience passée a donc montré que certaines méthodes d'enquête ne permettent pas d'atteindre les fruits envisagés au cours des enquêtes en question, et la logique (comme enquête sur ces enquêtes empiriquement essayées) consiste à relever ces méthodes et les analyser pour comprendre les raisons de la supériorité des unes sur les autres, comme l'agronomie, science de second ordre, permet de comprendre pourquoi telle méthode de jardinage donne de meilleurs fruits que d'autres (LTI, LW12, 108).

Ce que nous disions tout à l'heure au sujet du capital des connaissances acquises vaut ainsi également pour les règles et les méthodes pour les obtenir : les normes logiques, « loin d'être sorties d'un seul coup de la tête de Jupiter » (RP, MW12, 159), sont issues d'une sélection et d'une systématisation des enquêtes qui ont fait leur preuve, et les normes ainsi dégagées et clarifiées peuvent à présent jouer le rôle d'« *a priori* d'un point de vue opérationnel » (LTI, LW12, 21), c'est-à-dire relativement non pas à toute enquête en général, mais aux enquêtes à venir. Au cours de l'histoire des enquêtes, les normes et principes d'enquête ont donc évolué et ils ont été mis à l'épreuve et raffinés par leur usage comme méthode d'enquêtes postérieures. Notamment, l'apparition de la méthode expérimentale est l'événement majeur qui doit selon Dewey modifier notre conception de la logique – d'où l'idée d'une « logique expérimentale » –, et sa supériorité sur les autres méthodes est redémontrée à chaque nouvelle enquête scientifique. La logique a précisément pour tâche de comprendre pourquoi la méthode expérimentale réussit, là où les autres méthodes ont échoué, c'est-à-dire de dégager les relations entre ce moyen qu'est la méthode expérimentale et cette conséquence qu'est la connaissance. Mais il n'est pas dit que la logique ne doive pas progresser, si des progrès sont faits dans les méthodes scientifiques et il n'y a pas à bloquer le progrès de la logique en l'identifiant à l'étude de formes ou de normes qui seraient intemporelles (LTI, LW12, 21). En d'autres termes, l'opposition n'est pas entre contexte d'origine et contexte de justification des connaissances, mais entre les contextes d'origine qui sont justificatifs et ceux qui ne le sont pas car ils ne font

pas partie des *moyens* de la découverte, en continuité
avec elle, mais relèvent seulement des circonstances
extérieures à la découverte (*cf.* l'exemple de la pierre
en EEL, MW10, 361). Pour justifier une assertion, le
savant explique par quel moyen il est arrivé à une
telle conclusion : la méthode n'est pas extérieure au
résultat, c'est le processus par lequel il est effectivement
produit comme croyance vraie justifiée. La méthode
expérimentale elle-même est une méthode génétique,
puisqu'elle permet de comprendre les conditions d'apparition d'un phénomène. Le point de vue génétique, ainsi
compris de manière objective et non pas subjective et
privée, ne s'oppose donc pas selon Dewey au point de
vue normatif, et le processus continu des enquêtes fournit
un point de vue qui est à la fois immanent et critique,
permettant de juger les manières de penser. L'opposition
n'est pas entre la psychologie et la logique, mais entre les
processus psychologiques qui sont logiques et ceux qui
sont illogiques (HT2, MW8, 174-175).

Une telle mise au point nous permet de préciser ce que
Dewey entend par « logique » par comparaison avec les
autres entreprises qui ont été en philosophie désignées du
même nom ou qui ont eu la même ambition. La « logique »
est une théorie de la connaissance, mais elle s'oppose à
ce qui s'appelle « épistémologie » dans le monde anglo-
saxon (*Erkenntistheorie*, gnoséologie) en référence au
type de recherche mené notamment depuis Kant, mais
dont les termes ont été d'abord posés par Descartes, sur les
conditions de la possibilité de la connaissance en général,
coupé de tout examen des conditions réelles et spécifiques
d'un acte de connaissance particulier dans l'expérience.
Dewey reproche à cette « industrie épistémologique »

(ID, EW5, 19) d'une part de reposer sur le dualisme du sujet et de l'objet (ou du concept et de l'intuition), si bien que l'ensemble des problèmes qu'elle pose est artificiel (le scepticisme, le solipsisme, la construction du monde physique à partir des données privées des sens, etc.) ; et d'autre part, de prolonger la quête de certitude en rapportant la connaissance à des conditions qui sont absolues et éternisées, définies indépendamment et préalablement à toute pratique particulière et concrète de connaissance : « De là le divorce complet dans la pensée contemporaine entre l'épistémologie entendue comme théorie de la connaissance et la logique entendue comme étude des modes spécifiques de formation de ces croyances particulières qui sont meilleures que les autres » (ID, MW3, 119). Dewey cherche, à l'inverse, à montrer que les diverses épistémologies modernes (empirisme, rationalisme, transcendantalisme subjectif et objectif) sont des abstractions sélectives de diverses phases et aspects coordonnés de l'enquête, ce qui permet de réinterpréter leurs thèses et concepts dans les termes de l'enquête, plutôt que de concevoir la pratique de l'enquête dans les termes d'une théorie antécédente.

La logique de Dewey s'oppose également à cette variante de l'épistémologie qui est la « logique » de type hégélien, qui fait des lois logiques des lois de la réalité, puisque reposant sur l'idée que la réalité possède en elle-même une structure rationnelle (RP, MW12, 157). Dans une telle logique, la seule différence que la pensée humaine peut faire dans la réalité est purement subjective, car elle correspond à la distance variable d'un esprit subjectif vis-à-vis de cet Esprit objectif déjà existant. L'invocation d'une telle rationalité inhérente à la réalité est une autre manière, aux yeux de Dewey, d'imposer à l'enquête une limite fixe extérieure à son processus.

La logique de Dewey ne se présente pas non plus, telle quelle, comme une logique formelle, étudiant exclusivement les inférences du point de vue de leur validité formelle. À la logique formelle, Dewey reproche ce que Bacon reprochait déjà à la syllogistique d'Aristote : être une simple logique de l'argumentation supposant des vérités déjà connues, énoncées dans les prémisses, au lieu d'être une logique de la découverte de nouvelles vérités ; être en somme une logique pour exposer de manière rigoureuse ce qu'on sait déjà être vrai, plutôt qu'être une logique favorisant la croissance de la connaissance (RP, MW12, 96-97). La logique d'exposition, avec sa forme rationnelle, est importante pour rendre utilisable dans d'autres enquêtes la conclusion particulière atteinte par la logique de la découverte, mais ce serait succomber au sophisme de la phase temporelle que de faire comme si la logique de l'enquête était celle d'un syllogisme déductif. Surtout, Dewey rejette toute conception de la logique fondée sur une séparation entre la forme et la matière, qui imposerait d'une autre manière encore des conditions fixes *a priori* à toute enquête possible, en considérant le matériau des différentes enquêtes comme extérieur et indifférent. Encore une fois, Dewey inverse le mouvement en cherchant plutôt à comprendre comment ces formes logiques apparaissent au cours de l'enquête pour servir d'instruments servant à contrôler le processus jusqu'à son objectif spécifique. La question du rapport de la forme à la matière n'est pas spécifiquement logique, et Dewey la résout en chaque cas par la thèse selon laquelle les formes émergent de l'effort de reconstruire une matière première pour qu'elle puisse remplir une fin déterminée. Par exemple, des engagements réciproques, comme dans le troc immédiat, existaient bien avant l'apparition du contrat comme forme juridique spécifique, mais le développement des échanges et la nécessité de s'assurer de la parole donnée dans des échanges différés a requis la différenciation formelle des promesses dont la rupture n'entraîne pas de peines de celles qui entraînent la responsabilité de la partie défaillante et donnent lieu à des dommages et intérêts à la partie lésée. La forme-contrat s'est ainsi développée à partir d'une activité d'échange réciproque qui avait déjà cours, afin de réguler ces échanges lorsque des problèmes apparurent avec l'extension de cette activité. Ces formes ne sont donc pas pures (même si on peut les abstraire pour les analyser et les perfectionner) : ce sont des « formes-de-matière » (LTI, LW12, 370-371 ; au sujet des formes artistiques, *cf.* AE, LW10, chap. VII). Il en va de même selon Dewey des formes logiques, et une grande partie de *Logic : The Theory of Inquiry* est ainsi consacrée à la réinterprétation des objets logiques de la logique formelle (les constantes logiques, les règles d'inférence, etc.) du point de vue d'une enquête où ces formes ne sont pas séparées de la matière à contrôler, mais sont considérées au contraire d'un point de vue génétique et dans leur valeur fonctionnelle (régulatrice de l'activité de pensée). Un tel dualisme entre forme et matière dans la conception formaliste de la logique a d'ailleurs pour conséquence pratique négative de rendre la logique hétérogène aux sciences empiriques.

Le projet que Dewey continue est donc celui qui fait de la logique un art de *bien* penser (noter la forme adverbiale) prenant son modèle sur la méthode scientifique : c'est une « méthodologie » (LTI, LW, 12), dans la lignée du *Nouvel Organon* de Bacon ou de la *Logique* de John Stuart Mill. À cette différence près que la théorie naturaliste de l'expérience permet selon Dewey de sortir des impasses dans lesquelles une telle logique empiriste s'était fourvoyée, et qui avaient conduit à la remise en cause de l'identification même de la logique à la méthodologie. L'ambition de Dewey est donc de refondre ce qui relève de ces trois disciplines généralement séparées que sont la théorie de la connaissance (*epistemology*), la logique formelle et la philosophie des sciences dans une méthodologie renouvelée. Mais l'objectif général reste le même que chez Bacon et Mill, et il est en réalité moral : élaborer une logique qui permette l'amélioration de la condition humaine. Les êtres humains pensent de toute façon. Ce qui importe est d'apprendre à bien conduire cette activité. « Logique », en définitive, désigne chez lui un certain mode réglé ou contrôlé de comportement qui peut être appris, et le but de la théorie de l'enquête est bien de rendre les être humains plus logiques dans leurs actions, c'est-à-dire d'augmenter le contrôle de leur pensée pour rendre leur action plus réfléchie (HT2, LW8, 175, ns).

La conduite logique

Les enquêtes du sens commun et de la science présentent une même structure logique, qui est préfigurée dans le schème du comportement biologique. Nous avons vu comment Dewey traduisait l'analyse de l'arc réflexe dans les termes d'un réajustement des interactions de l'organisme avec son environnement. Ce réajustement obéit à la fois à un ordre synchronique de coordinations des différentes activités de l'organisme tout entier (holisme) et à un ordre diachronique sériel où les actes antérieurs préparent la voie des suivants (continuisme). Une conduite spécifique s'ouvre ainsi avec un trouble qui vient déséquilibrer l'ajustement à l'environnement (la faim, par exemple, comme déséquilibre entre les besoins et les ressources disponibles en énergie pour continuer à agir). Une telle conduite prend alors la forme d'une *recherche*, c'est-à-dire d'une activité dirigée vers la découverte d'une solution au trouble et qui nécessite par là la coordination des fonctions de l'organisme dans leur subordination à cette fin (dans l'exemple, la recherche de nourriture, qui implique des mouvements non pas au hasard mais coordonnés et orientés, comme ceux de la chasse). Enfin la séquence comportementale se clôt – de manière heureuse – si la recherche aboutit à un réajustement des interactions de l'organisme à son environnement qui vient résoudre la situation en rétablissant l'équilibre troublé (manger). La vie est donc, déjà, résolution de problèmes, et le schème vital est structuré par un ordre sériel avec un commencement, un milieu et une fin qui est un accomplissement (une « consommation » comme le dit Dewey, au sens de l'action qui amène un processus à son terme). Comme modalité des interactions vitales, penser a la même fonction, intermédiaire et médiatrice entre une situation troublée et une situation réunifiée, qu'elle accomplit néanmoins grâce à un ensemble d'activités spécifiques : la recherche vitale se fait alors enquête intellectuelle. La définition générale de l'enquête que propose Dewey conserve donc ce mouvement général de transformation d'une situation à l'autre : « l'enquête est la transformation contrôlée ou dirigée d'une situation indéterminée en une situation qui est si déterminée en ses distinctions et relations constitutives qu'elle convertit les éléments de la situation originelle en un tout unifié » (LTI, LW12, 108, *cf.* aussi HT2, LW8, 195).

Le terme même d'« enquête » est emprunté à Peirce, qui entendait par là toute activité de pensée provoquée par un « doute » réel et se concluant par la fixation d'une « croyance » disposant à certaines actions. La pensée ne pense donc pas pour rien, pour le plaisir, mais pour calmer l'irritation d'un doute, et lorsque le doute cesse car une croyance a été fixée et qu'une action déterminée peut s'ensuivre, la pensée a atteint sa fin (dans les deux sens du terme). Quand j'hésite à payer mon pain avec un billet ou des pièces de monnaie, il y a « doute », et si, après réflexion, aussi instantanée soit-elle (se débarrasser de la ferraille qui pèse dans la poche ? Conserver de la monnaie pour la machine à café tout à l'heure ?), une décision est prise, alors il y a « croyance » (un peu de monnaie est toujours utile) puis « action » (tendre le billet). L'analyse du schème de la pensée est également couplée chez Peirce avec une évaluation des différentes méthodes d'enquête, prenant comme critère immanent d'évaluation la capacité à fixer la croyance sur le long terme et concluant à la supériorité de la méthode expérimentale de l'enquête scientifique sur les autres manières de fixer la croyance (méthode de ténacité, méthode d'autorité, méthode *a priori* – *cf.* Peirce, 215-235). En adoptant, dès 1900, ce vocabulaire de la pensée comme « doute-enquête » (EEL, MW1, 172), Dewey cherche à faire converger la psychologie biologique de James avec la logique de l'enquête de Peirce. Dans tous les cas, on assiste à une conversion empiriste de la recherche de la vérité.

Le schème de la pensée ne figure pas l'élévation de l'ignorant au sage, faisant passer de l'expérience comme telle, indéterminée et incertaine de manière absolue, à une vérité supra-empirique qui serait absolument certaine et parfaitement déterminée. Le progrès est longitudinal : il fait passer le chercheur d'une première expérience douteuse à une seconde expérience plus satisfaisante. À la différence entre deux mondes, monde de l'apparence et monde de la vérité, la théorie de l'enquête substitue la différence entre un passé insatisfaisant et un futur plus satisfaisant à réaliser. L'objet à connaître n'est donc pas à découvrir hors de l'expérience, mais c'est le point d'aboutissement de l'enquête. S'il y a une vérité ultime, elle ne peut être que dans le futur et non ailleurs : c'est la fin idéale de l'enquête.

Cette dimension temporelle et progressive de l'enquête conduit naturellement à présenter d'abord le schème de l'enquête selon l'ordre sériel des étapes menant de la situation initiale à la situation finale. Prenons d'emblée quelques exemples pour nous familiariser avec cette séquence. *Une décision pratique ordinaire* : je me promène tranquillement à la campagne. Je sens soudain l'air qui refroidit. Je lève la tête et constate des nuages noirs qui se sont accumulés. Je pense qu'il va pleuvoir, et je presse le pas. En effet, à peine un abri trouvé, l'orage éclate. *Une enquête proto-policière* : je rentre chez moi et trouve ma maison en complet désordre. Je pense aussitôt que j'ai été cambriolé. Mais peut-être est-ce mes enfants qui ont été encore plus excités que d'habitude. J'examine la boîte à bijoux, et certains manquent, mais d'autres y sont encore. Je vérifie l'argenterie dans le buffet, que les enfants n'auraient pas touchée, et je constate qu'elle a entièrement disparu. J'examine les fenêtres et observe en effet des traces d'effraction. J'appelle la police. *Un diagnostic médical* : ma fille est couverte de boutons, et je pense que c'est peut-être la rougeole. Appelé, le médecin consulte le carnet de vaccination, demande si ma fille tousse puis examine les boutons, prend la température, cherche les signes d'une conjonctivite ou d'une rhinite éventuelles. Il conclut qu'il s'agit très probablement de piqures de moustique et prescrit une simple crème apaisante. Les boutons disparaissent en effet au bout de quelques jours sans autres symptômes associés, et l'affaire est réglée. *Une décision judiciaire* : un individu accusé d'un certain délit est présenté au tribunal. Pour savoir ce qui s'est passé, l'accusé est questionné, des témoins sont entendus et des experts sont convoqués. Pour déterminer le sens juridique de ces différents témoignages, des articles de loi sont évoqués en rapport avec les charges d'accusation et les faits incriminés, des cas similaires déjà jugés sont rappelés. Un verdict est enfin prononcé : il clôt la procédure en statuant sur les accusations initiales, et la sentence entraîne des conséquences pratiques qui transforment la situation (l'accusé est rendu à la liberté ou envoyé en prison ou doit payer une certaine amende, etc.). Tous ces cas relèvent du sens commun plutôt que de la science, d'après Dewey, car les enquêtes menées ont pour objectif de résoudre une situation pratique, plus ou moins personnelle, où l'action à faire est indéterminée. La logique à l'œuvre est une logique de la délibération entre possibilités d'action alternatives tendue vers une décision à prendre qui aura des conséquences « existentielles » comme dit Dewey (elle modifiera l'état de choses).

Des différents chapitres et passages où il aborde la question (*cf.* notamment HT1, MW6, 234-241; DE, MW9, 157-158; HT2, LW8, 196-209; LTI, LW12, 105-122), on peut identifier cinq grandes étapes dans ce type d'enquête. 1) La première est la « situation indéterminée ». Elle correspond au doute qui apparait lorsqu'une situation qui jusque-là allait de soi, où l'action suivait normalement son cours en raison des habitudes stabilisées et ajustées, se voit interrompue en raison d'un facteur qui déséquilibre l'interaction et introduit une tension entre ses éléments. Le doute n'est pas un état mental privé, il qualifie la relation même entre l'être pensant et son environnement : c'est une propriété de la situation qu'on ne peut pas écarter par un simple travail sur son état d'esprit. Une telle situation est pré-cognitive et le doute même est senti plutôt que pensé : il n'a pas encore été intellectualisé. Si l'on fait face à la situation (au lieu de paniquer ou de s'évader dans des solutions imaginaires), mais de manière indirecte puisque les impulsions et habitudes disponibles ne peuvent y répondre adéquatement, alors il y a émergence de la réflexion, continuation de l'action sur un mode cognitif. 2) La seconde étape est l'« institution d'un problème », qui commence par la prise de conscience de la nécessité d'enquêter pour résoudre la situation indéterminée (qui, de ce fait, est maintenant qualifiée intellectuellement et devient une « situation problématique »). Le problème de la situation problématique est alors identifié, par observation de la situation et analyse des éléments, mais aussi par le rappel d'autres éléments et faits qui constituent avec les faits présents l'ensemble des données du problème.

3) La troisième étape est celle de « l'hypothèse », qui à la fois est inférée de l'analyse du problème et des faits observés et suggère une solution possible au problème institué. Elle dépasse les faits présents, qu'elle prend comme signes d'autres faits possibles encore inconnus, et présente en conséquence quelque chose de risqué : elle n'est pas encore adoptée, mais simplement admise à titre d'essai, et fournit donc un guide pour trouver d'autres faits. 4) La quatrième étape est celle du « raisonnement », qui consiste à développer l'hypothèse par déduction de ses conséquences possibles (sous la forme « si…alors »), sans avoir à dépendre de l'observation de la situation. La conclusion du raisonnement est encore purement hypothétique. 5) La cinquième étape est celle de la mise à l'épreuve de l'hypothèse, où de nouvelles observations sont effectuées pour vérifier si elles correspondent ou non aux conclusions déduites. Si c'est le cas, l'hypothèse est corroborée, et dans le cas contraire, le processus recommence aux étapes 2 et 3.

On reconnaît sans peine dans ce schéma une préfiguration des règles de la méthode expérimentale, avec l'inférence d'une hypothèse comme acte central, encadré par une observation initiale qui fournit les termes de la question et une observation finale, provoquée expressément pour mettre l'hypothèse à l'épreuve, et qui répond à la question initiale. Mais une telle présentation du schème de l'enquête est en réalité bien schématique, et s'il fait droit au développement temporel de l'expérience cognitive, il néglige ce qui fait la spécificité de Dewey parmi les philosophes de la méthode expérimentale. Elle tend à faire de l'enquête une succession d'étapes dont chacune remplacerait mécaniquement la précédente jusqu'à la conclusion finale. Pour comprendre sa véritable position, il faut combiner le dynamisme du développement temporel de l'enquête avec le point de vue holiste déjà soutenu pour l'analyse de l'action réflexe. Le schème de l'enquête est en réalité un *circuit* intellectuel et non un « arc ». Cela signifie que chaque étape à la fois stimule et contrôle les autres. Les stimulations réciproques font avancer l'enquête et lui donnent son dynamisme temporel, mais les contrôles mutuels régulent ce développement et sont la condition du succès de la recherche. Les enquêtes qui échouent sont précisément celles qui manquent de continuité intellectuelle entre ces étapes (renommées « aspects » de ce point de vue) : chaque activité spécifique (observation, inférence, raisonnement, etc.) ne travaille alors pas suffisamment en coordination avec les autres, sous leur contrôle et en les contrôlant en retour. Lorsque dans un travail collaboratif, il se trouve un manque de coordination et d'organisation entre les fonctions divisées (soit qu'une fonction est mal accomplie, soit qu'elle est accomplie de manière isolée sans articulation avec les autres, soit que la division et la coordination de toutes les fonctions ont été mal conçues dès le départ), il n'y a pas de résultat unifié et conclusif (cette image ne doit pas évoquer une chaîne de travail où l'activité est divisée de manière purement linéaire, mais une division en réseau où chaque fonction est coordonnée simultanément à toutes les autres). Alors l'expérience cognitive est décousue et informe, un peu comme les premières impulsions d'un enfant ne sont pas ajustées car elles manquent de coordination entre elles et de focalisation sur un but défini : cela ne fait pas *une* enquête, un « tout diversifié », un « mouvement continu des matériaux » vers une fin qui en est l'accomplissement et non seulement le débouché (*cf.* AE, LW10, 44-45, sur la qualité esthétique d'une telle expérience cognitive). C'est de ce point de vue qu'on apprécie le mieux ce que signifie la division fonctionnelle du travail de la pensée dans l'enquête : l'enquête bien menée est une activité qui engage l'ensemble de la pensée, et, en vérité, penser n'est rien d'autre que cette intégration des différentes fonctions et activités cognitives qui sont coordonnées entre elles dans leur subordination à une fin (Dewey n'oubliera pas non plus les émotions et la volonté, ni les aspects esthétiques et moraux d'une telle expérience). Expériencer, observer, inférer, raisonner, vérifier, etc., ne sont ainsi que des aspects qu'on peut distinguer de manière fonctionnelle dans cette activité unifiée, par la contribution spécifique que chacun apporte au tout, mais qui n'existent pas de manière séparée (comme respirer, se mouvoir, digérer, etc., pour les fonctions organiques ; ou percevoir, se souvenir, conceptualiser, vouloir, etc., pour les fonctions psychologiques). Considérer qu'il s'agit d'opérations séparables est le meilleur moyen de ne pas aboutir ou d'échouer dans ses enquêtes. Les enseigner comme des étapes distinctes et successives d'un ordre fixe conduit à une pédagogie mécanique qui est à l'opposé de la formation d'habitudes intelligentes de penser. En réifier une au détriment des autres est ce qui provoque les antagonismes entre écoles philosophiques.

Nous pourrions ainsi détailler les neuf relations (dans leur deux sens) qu'un aspect quelconque de l'enquête entretient avec tous les autres pour enrichir l'analyse de chacune des cinq étapes distinguées et arracher la méthode expérimentale à la compréhension scolaire que nous en avons la plupart du temps. Nous ne nous arrêterons néanmoins ici que sur les relations entre les faits et les idées sur lesquelles Dewey insiste lui-même particulièrement parce qu'elles ont une valeur exemplaire. Les « faits » sont issus de l'observation (ou de la mémoire), les « idées » sont le résultat des inférences ; les faits sont les données du problème, les idées sont des suggestions de solution au problème ; les faits sont présents ou actuels (dans le cas des souvenirs), les idées dépasse tout ce qui est ou a été donné pour se référer au futur et au possible ; les faits sont têtus et ne peuvent être écartés par magie, les idées jouent dans l'imagination ; du point de vue psychologique, les faits sont d'ordre perceptuel et les idées d'ordre conceptuel. Pour résoudre un problème, il faut à la fois des faits et des idées, les deux jambes sans lesquelles l'enquête ne peut pas marcher : on ne résout pas un problème seulement en collectant des données non interprétées ni en jouant avec des idées sans rapport avec la situation. Kant avait raison sur ce point contre les empiristes et les rationalistes, qui avaient respectivement absolutisé les données en Expérience et les idées en Raison comme fondements exclusifs de la connaissance. Mais il a eu tort d'ériger ce qui n'est qu'une distinction fonctionnelle et pratique en une division ultime, l'obligeant à invoquer des pouvoirs cachés pour les coordonner entre eux (si bien que la coordination n'a – paradoxalement – plus de dimension temporelle, elle se fait d'un seul coup et une fois pour toutes).

1) Premièrement, tout acte d'observation stimule l'activité inférentielle et vice-versa. La première surprise est à peine passée qu'une suggestion se présente déjà (il va pleuvoir, j'ai été cambriolé, elle a la rougeole…), qui à son tour provoque de nouvelles observations (je lève la tête pour regarder le ciel, je vais voir dans la

boîte à bijoux, le médecin examine les boutons…), qui à leur tour soient confirment la première suggestion en la constituant en hypothèse soit en suggèrent d'autres, et ainsi de suite : un pas pour l'un, un pas pour l'autre, chaque pas faisant avancer l'enquête.

2) Deuxièmement, chaque fonction contrôle et régule l'activité de l'autre. Non seulement les observations fournissent la base empirique des inférences, mais chaque nouvelle observation confirme ou écarte les inférences suggérées, si bien qu'il y a en réalité, depuis les observations initiales dans l'institution du problème jusqu'aux observations finales de la phase expérimentale, un continuum d'observations : elles sont toutes à la fois reçues et provoquées, elles ont toutes une valeur à la fois inductive et vérificatrice. Réciproquement, les idées inférées ne sont pas de simples généralisations des données empiriques, elles les organisent en réunissant en un tout unifié les éléments analysés (analyse et synthèse sont ainsi deux fonctions coordonnées et non deux méthodes opposées) : elles font voir les relations des éléments entre eux et leur donne une forme susceptible de manifester leur intégration dans le système des connaissances déjà acceptées (*cf.* le savoir empirique sur la météo ou sur la manière d'agir des cambrioleur ; la connaissance de la nosologie ; l'appel aux articles de lois et aux précédents). Corrélativement, elles dirigent les observations subséquentes, qui ne se font donc pas au hasard mais de manière réglée et méthodique, avec une fin en vue.

3) Troisièmement, les deux activités sont en constitution réciproque, aucune n'étant indépendante et séparable de l'autre. L'observation n'est pas la pure

réception passive du donné sensible. D'une part, en tant qu'opération subordonnée à l'institution du problème, elle a une fonction d'analyse : elle doit détacher du tout qualitatif vague de la situation indéterminée et confuse ses éléments afin d'en retrouver les connexions. Le « donné » (*given*) est le tout de la situation initiale (qui n'est pas cognitive); les « données » (*data*) sont le produit de l'opération d'analyse : elles acquièrent ainsi une fonction intellectuelle, dans la mesure où elles deviennent des instruments pour mener l'enquête jusqu'à sa solution (la connaissance), mais elles ne sont pas premières (contrairement à ce que croyaient les empiristes). Cette opération d'analyse ayant pour finalité d'instituer le problème, les « données » sont issues d'une sélection dans la masse du matériau expériencé qui ne retient que les éléments susceptibles d'apporter un éclairage sur la situation (cette sélection implique tout un complexe d'opérations comme la comparaison, le contraste, l'exclusion des données non pertinentes, etc., *cf.* LTI, LW12, chap. X). Ces « données » sont donc en réalité « prises » (*taken*) et non pas reçues indifféremment. Bref, contrairement au donné qui n'a pas de valeur cognitive, les données qui ont une portée cognitive ne sont pas données de manière immédiate, il faut les faire (*cf.* QC, LW4, 104). Il n'y a pas de faits en soi, dans l'absolu, les faits sont toujours relatifs à une question posée, ils ont pour fonction d'établir une situation qui était encore indéterminée. D'autre part, ces données doivent servir d'indices pour la résolution du problème. Leur sélection au moment de l'institution du problème dépend donc également des suggestions qui s'amorcent déjà, dépendance qui ira grandissant à mesure que les simples suggestions deviendront des hypothèses dirigeant le cours des observations. L'observation animée par l'esprit d'enquête est un diagnostic : ce qui est observé est pris comme signe à partir duquel inférer ce qui n'est pas donné et prédire le cours futur de l'expérience (pronostic). C'est la raison pour laquelle Dewey fait des idées des « significations » (*meaning*) : leur fonction est de donner une signification aux faits (et elles sont incorporées dans les symboles linguistiques). Mais c'est une seule et même chose que de constituer un élément d'observation en signe et de lui donner une signification (les nuages noirs sont un fait pertinent de la situation à observer car ils signifient la pluie à venir, suggérée par le froid). Pour découvrir les signes de la situation problématique, il faut donc déjà posséder une certaine connaissance acquise, un nombre d'idées systématiquement organisées, comme le médecin qui perçoit les symptômes pour ce qu'ils sont en raison de son savoir nosologique : seul quelqu'un qui connaît les symptômes associés à la rougeole (et qui par là également raisonne, développant les implications de la suggestion en même temps qu'il observe) peut diriger son observation vers les faits pertinents qui clarifient la situation problématique. On peut soutenir en conséquence que l'observation des faits présuppose la connaissance des théories. Mais réciproquement, parmi les innombrables connaissances disponibles, seules sont sélectionnées celles qui semblent pertinentes pour la situation en question : les articles de lois ne viennent pas avec des étiquettes toute prêtes indiquant les situations où il faut les employer. C'est la connaissance des faits de la situation qui permet d'opérer cette sélection qui institue par là certaines idées et certaines théories en instrument d'interprétation des données. Et plus les données du problème apparaissent clairement, plus les idées concernant la manière de les traiter s'imposent naturellement, ces idées changeant d'ailleurs corrélativement aux nouveaux faits découverts. On peut donc ajouter que la conception des idées dépend de l'observation des faits (LTI, LW12, 113).

4) Quatrièmement enfin, l'union des faits et des idées se manifeste pleinement lorsqu'on les considère du point de vue de l'étape proprement expérimentale de la mise à l'épreuve de l'hypothèse. L'expérimentation d'une hypothèse, c'est l'union en acte des faits de l'expérience avec les idées-significations. En science, l'expérimentation est un ensemble d'opérations permettant de provoquer l'observation d'un phénomène susceptible de vérifier une hypothèse. Expérience-observation et hypothèse-raisonnement sont donc des aspects intégrés de l'expérimentation scientifique, qui permet ainsi de dépasser le dualisme d'une raison supra-empirique (qui serait productrice de connaissances, mais qui ne serait pas contrôlée empiriquement) et d'une expérience infra-rationnelle (qui serait donnée factuellement mais non dirigée rationnellement). Une expérimentation opère dans les faits et de manière publique ce que Kant recherchait dans un art caché de l'esprit agissant magiquement. Avec l'expérimentation, l'expérience devient rationnelle et la raison devient empirique (l'expérience devient dirigée rationnellement et la raison devient contrôlée empiriquement – *cf.* DE, MW9, 233). Mais il ne s'agit pas non plus d'une synthèse miraculeuse entre deux termes étrangers l'un à l'autre et que tout opposait. Car, dès le niveau des enquêtes du sens

commun, il faut relever « le caractère opérationnel des faits-signification » (LTI, LW12, 116). L'idée suggérée (la signification) est non pas un état mental interne mais un « plan d'action » qui organise la conduite subséquente et la collecte des nouveaux faits : l'idée de la pluie me conduit à accélérer le pas, celle du vol à vérifier la boîte à bijoux, etc. Corrélativement, nous l'avons noté, non seulement les faits ne sont pas muets, ils parlent à l'enquêteur mais il servent déjà de preuves que la mise à l'épreuve explicite de l'hypothèse ne fait que continuer. L'expérimentation ne fait que manifester ouvertement, dans des opérations observables, ce double caractère des faits qui sont déjà intelligents et de l'intelligence qui est déjà pratique. L'opposition entre les faits et les idées (les percepts et les concepts, l'expérience et la théorie) tombent donc lorsqu'on prend le point de vue de l'action, qu'elle soit la conduite générale de l'enquête ou la phase particulière de l'expérimentation : les faits sont établis, les idées sont conçues, pour transformer opérationnellement la situation problématique en situation unifiée.

Pour résumer les différentes fonctions de ces deux aspects de l'enquête dans leur relation aux autres aspects, on peut dire que les faits sont les éléments analysés de la situation indéterminée, les données du problème, les indices des inférences, les preuves des raisonnements et le matériau de la transformation de la situation ; quant aux idées, elles sont les suggestions de solution au trouble de la situation, les significations organisatrices des faits, les prémisses et conclusions des raisonnements, les hypothèses directrices de la transformation expérimentale de la situation, les croyances une fois confirmées.

Une telle intégration des différentes fonctions cognitives ne se fait pas naturellement : il faut la faire. Les cas d'enquête du sens commun permettent d'exhiber certaines caractéristiques que Dewey retrouve dans toute enquête, y compris scientifique, à savoir que la connaissance doit être comprise du point de vue d'un acteur confronté à un problème et non de celui d'un spectateur qui serait en possession d'une masse d'informations sans avoir besoin de les utiliser. Un enfant qui peut réciter un théorème mathématique mais qui ne sait pas l'employer pour la résolution d'un problème ne peut être dit véritablement le « connaître ». L'usage du théorème en situation n'est pas seulement un test qui vérifierait une connaissance censée être antécédente, c'est le critère même de la connaissance. Si la possession d'informations est une condition nécessaire de la connaissance, elle n'est pas suffisante : la connaissance est l'usage intelligent de ces informations. C'est pourquoi la connaissance doit être analysée du point de vue de la pensée en acte, et qu'à son tour la pensée doit être comprise à partir du jugement. Dewey présente en effet sa théorie de l'enquête comme une logique du jugement, plutôt que des propositions, celles-ci ne pouvant se comprendre qu'en rapport à elle. À première vue, la raison en est que, fidèle à l'origine judiciaire du terme, il réserve d'abord le terme de « jugement » à la conclusion finale de l'enquête (l'« assertion ») qui a une « portée existentielle directe » (LTI, LW12, 123), telle la sentence du juge qui clôt le procès. Et, conformément là encore à l'étymologie, le terme de « proposition » est accordé aux énoncés (ou « affirmations ») concernant les faits et les idées qui, occupant une place intermédiaire dans l'enquête, possèdent le caractère prospectif de plans devant être soumis à l'approbation finale, et n'ayant donc qu'un rapport indirect avec la transformation de la situation, *via* l'assertion qu'ils contribuent à garantir.

Mais la distinction passe en réalité ailleurs : la proposition a un caractère linguistique et en ce sens, le jugement final est bien évidemment formulé dans une proposition (« X est innocent »). Inversement, les propositions intermédiaires en tant que solutions partielles sont déterminées par des jugements (que Dewey nomme « appréciations », « estimations », « évaluations », LTI, LW12, 125). La raison de cette distinction est de mettre en évidence l'activité intelligente à l'œuvre dans la formulation des propositions, que l'analyse isolée de la forme et du contenu des propositions, indépendamment de leur origine, de leur fonction et de leur usage dans le tout de la situation, risque de faire oublier. Chaque étape de l'enquête nécessite en réalité de juger, c'est-à-dire d'évaluer l'importance des informations (exprimables sous forme de propositions) du point de vue de la résolution de la situation problématique (*cf.* MW7, 262-263). Ainsi, il faut du discernement pour pouvoir sélectionner dans la situation confuse initiale les seules données qui paraissent pertinentes pour l'institution du problème et pour servir d'indices et de preuves pour les inférences, comme pour exclure celles qui constitueraient des obstacles ou des parasites. Il faut de même du jugement pour sélectionner dans la masse des concepts, lois et théories disponibles ceux qui semblent fournir la meilleure interprétation de ces indices, et rejeter les autres. Savoir quelle preuve expérimentale sera la plus décisive au regard d'une hypothèse soutenue demande également une dose de délibération, de décision et de choix. Le jugement final, enfin, n'est pas prononcé sans avoir, comme c'est le cas au tribunal, revu une dernière fois l'ensemble des faits et leurs interprétations, délibérer minutieusement entre les différentes hypothèses, et c'est la raison pour laquelle la conclusion de l'enquête est, de manière exemplaire, un jugement, c'est-à-dire une décision. Juger, c'est ainsi évaluer l'importance relative d'une information par rapport à l'objectif final de l'enquête (LW8, HT2, 210).

Ce principe de pertinence au contexte fait que l'ensemble des jugements émis au cours de l'enquête, y compris ceux qui sont théoriques dans leur forme et leur contenu (comme l'énoncé d'un fait de la situation à la différence de l'énoncé explicite d'une chose à faire), sont des « jugements de pratique » (LTI, LW12, chap. 9). Car à chaque étape, l'enquêteur doit juger si le fait observé ou l'idée émise est le bon moyen pour atteindre la fin en vue, qui est la résolution de la situation problématique. La relation moyen-fin structure ainsi toute l'activité de l'enquête, et le jugement désigne par là même le sens pratique (le sens commun) qui permet d'apprécier et d'évaluer l'ajustement des moyens et des fins. L'importance du jugement dans la logique de Dewey montre ainsi la manière dont il cherche à rendre la connaissance inséparable de l'action : non seulement l'enquête se termine par la transformation existentielle de la situation, mais l'enquête elle-même est une conduite tenue par un agent en situation, qui doit délibérer sur les meilleurs moyens pour faire face au problème qui a arrêté son mode d'action immédiat. On mesure par là même l'importance d'une telle analyse accordant une place centrale au jugement et à la délibération pratiques dans l'enquête empirique au regard de l'objectif général de Dewey qui est de défendre la continuité entre la logique du jugement scientifique et la logique du jugement de valeur. Il ne s'agit pas seulement pour Dewey de montrer la pertinence de la méthode scientifique pour la résolution des situations problématiques morales, mais corrélativement de transposer les caractéristiques de la conduite morale à la logique de l'enquête empirique : « J'affirme qu'il y a un schème logique commun entre la connaissance scientifique et la connaissance morale [...] Le point central de ma théorie peut en réalité se découvrir dans le transfert des caractéristiques qui avaient été réservées à la fonction du jugement moral aux processus de la connaissance ordinaire et scientifique » (LW14, 62). La reconstruction conjointe de la philosophie de la connaissance et de la philosophie morale impose donc tout autant de rendre l'intelligence plus pratique que de rendre l'action plus intelligente.

Le mode de pensée scientifique

On accordera peut-être le fait que les enquêtes cognitives du sens commun, étant pratiques dans leur origine comme dans leur résultat, suivent une logique qui pourrait être transposée pour guider la résolution des problèmes de la conduite morale. Mais Dewey dit plus que cela : il soutient que c'est la science physique moderne qui exhibe le plus clairement les caractéristiques expérimentales de la pensée logique, ce qui nous permet par contrecoup d'en retrouver le « prototype rudimentaire » (QC, LW4, 80) dans les enquêtes du sens commun (quand celles-ci exhibent plus clairement les caractéristiques instrumentales, qu'il est alors possible de retrouver dans l'enquête scientifique). Or la philosophie, « classique » comme moderne, a soutenu de manière dominante la thèse d'une coupure entre le monde de la science et le monde de l'expérience ordinaire. On peut de fait noter au moins trois grandes différences entre la connaissance scientifique et la connaissance empirique ordinaire : 1) la science se présente sous une forme hautement technique et abstraite qui l'éloigne du langage ordinaire ; 2) son but n'est pas de résoudre des problèmes pratiques et encore moins personnels, mais de faire progresser la connaissance de la nature ; 3) ses objets (atomes et électrons, champs de forces, ondes électromagnétiques, etc.) ne ressemblent en rien aux objets de notre expérience ordinaire, qui présentent des qualités sensibles (couleur, chaleur, dureté, etc.) comme des qualités esthétiques et morales (joli, désirable, noble, répugnant, etc.). En réalité, Dewey reconnaît tout à fait ces différences et cherche même à les justifier. Ce qu'il refuse, comme d'habitude, est que ces différences soient comprises comme fondées sur une division ontologique entre le monde de la science et le monde de l'expérience ordinaire. Comme le monde de l'expérience ordinaire est celui des choses qu'on désire ou qu'on fuit, qu'on aime ou qu'on déteste, qu'on veut favoriser ou qu'on veut empêcher, bref le monde de nos appréciations esthétiques et morales, une telle coupure ultime empêcherait en effet toute extension et transfert du mode de pensée scientifique au problème de la régulation morale de la conduite humaine, et cela non en raison de difficultés pratiques (qui sont réelles), mais d'une « interdiction théorique intrinsèque » (LW12, 28).

La première différence porte sur la forme sous laquelle se présente la connaissance scientifique, et qui constitue un obstacle à la compréhension pour l'homme ordinaire lorsqu'il ouvre un manuel scientifique. Contrairement aux connaissances acquises lors de ses interactions ordinaires, il y trouve un savoir qui est systématiquement organisé, exprimé dans un langage technique dont la compréhension dépend de la maîtrise de ce système, et qui a recours à une formulation mathématisée le détachant de toute situation particulière concrète. Aux yeux de Dewey, ces caractéristiques deviennent des obstacles insurmontables à la continuité entre pensée ordinaire et pensée scientifique seulement si on les considère comme des fins en soi. Or le but d'une science n'est pas de systématiser le résultat des enquêtes accomplies, mais de continuer à enquêter. Une telle formulation et une telle organisation sont des moyens pour les enquêtes à venir : elles renvoient à la connaissance établie et non à la connaissance en train de se faire – et l'institution de la systématisation du savoir comme fin de la science a pu précisément constituer un moyen de bloquer l'enquête scientifique au lieu de la libérer. La fonction de la connaissance établie est ainsi à la fois de faciliter l'enquête en cours par les ressources qu'elle procure et de fournir une validation aux hypothèses dont le raisonnement montre qu'elles peuvent s'intégrer au corps des vérités reconnues. C'est pourquoi les résultats des enquêtes passées reçoivent la forme permettant d'exhiber de la manière la plus systématique possible toutes les relations inférentielles entre les propositions factuelles et conceptuelles, ce qui facilite l'examen de la validité logique d'une nouvelle proposition (MW7, 337-338).

La confusion de la connaissance scientifique comme savoir et de la connaissance comme activité est d'ailleurs responsable de l'erreur pédagogique (reposant sur le sophisme du philosophe) consistant à exposer l'enfant directement à cette forme systématisée (commencer par les définitions et les lois générales), alors qu'il s'agit de lui apprendre non pas la science comme corps organisé de résultats, mais la manière scientifique de traiter n'importe quel matériau, en commençant par celui de son expérience ordinaire (DE, MW9, 192-199 et 227-231). Le point de départ de la science est d'ailleurs également l'expérience ordinaire, et si elle transforme considérablement ce matériau initial, elle ne diffère pas du mode de pensée empirique du point de vue de la logique de cette transformation assurant la découverte, même si elle en diffère du point de vue de la forme que prend le résultat final.

Un reproche récurrent à l'instrumentalisme de Dewey consiste à dire qu'il subordonne la pensée à l'action, la théorie à la pratique, la connaissance à la satisfaction des intérêts, et par conséquent la science comme recherche désintéressée de la vérité à l'utilité économique et sociale (Russell qualifiait le pragmatisme d'expression philo-sophique du commercialisme américain ; *cf.* MW13, 307, pour la réponse de Dewey). Ce reproche est solidaire de l'idée qu'il existe une science pure, qui représente l'essence même de la science, bien distinguée de la science appliquée qui ne serait science que pour autant qu'elle utilise les résultats de la recherche pure à des fins pratiques. Elle est également associée à l'idée que la technologie n'est qu'une application de la science. Dewey s'est constamment défendu contre ce qui lui paraissait un contresens sur le pragmatisme.

Sur les rapports généraux de la connaissance à l'intérêt, avant même d'entrer dans la question de la science, il faut noter qu'une enquête n'a pas pour but de satisfaire un intérêt subjectif personnel voire égoïste, même si elle peut le faire par surcroît. Le fait que les situations problématiques du sens commun soient souvent personnelles (ma promenade, ma fille, mon appartement, etc.) ne doit pas masquer le fait que, puisque le problème est objectif, la solution ne peut que l'être aussi, au sens où rien ne peut compter comme solution qui ne résout objectivement et même existentiellement le problème posé par la situation. Ce n'est pas parce que je préférerais que mes enfants aient causé le désordre de mon appartement plutôt que des cambrioleurs que cette hypothèse est la solution de la situation ; elle ne l'est que si elle est vérifiée par l'ensemble des observations et corroborée par les témoignages. L'« utilité » d'une idée ne se mesure donc pas au plaisir ou au profit qu'elle me procure personnellement, mais à la manière dont elle remplit ses fonctions d'organisation des faits et de stimulation de nouvelles observations pour résoudre le problème en question. Qu'une telle idée puisse remplir d'autres fonctions en dehors de l'enquête pour laquelle elle a été conçue est tout à fait accessoire et n'entre pas dans la mesure de sa valeur : on ne juge pas de l'utilité d'une route à la manière dont elle facilite les activités du bandit de grand chemin, mais à la manière dont « elle fonctionne *en tant que* route, comme moyen public et efficace de transport et de communication » (RP, MW12, 170).

Pour ce qui est des rapports généraux de la pensée et de l'action, on peut dire que, loin de vouloir subordonner la pensée à l'action, l'ensemble du projet de Dewey est de rendre l'action plus intelligente, donc de subordonner l'action à la pensée (de rendre l'expérience plus rationnelle). L'opposition n'est pas pour lui entre pensée et action, mais entre action impulsive, aveugle, routinière ou mécanique et action réfléchie, délibérée, intelligemment régulée (comme entre croyance dogmatique et croyance reconstructible). Subordonner la pensée à l'action voudrait en fait dire la soumettre à certaines fins préétablies qu'il suffirait de réaliser, alors que tout le but de Dewey est de faire de la pensée le moyen de s'émanciper des fins pré-ordonnant l'activité des êtres humains. Lorsqu'on dit que, pour les pragmatistes, la pensée doit faire une différence pratique, on ne prête souvent attention qu'au terme « pratique », alors que le terme important est « différence » : l'instinct et l'habitude sont faits pour reproduire les modes de réaction, mais l'intelligence est faite pour changer la manière dont on agit. C'est pourquoi l'école dans une société progressiste n'a pas vocation selon Dewey à adapter l'enfant aux conditions socio-économiques existantes, comme si elle n'était qu'une antichambre de l'usine, mais de leur donner les moyens intellectuels de faire une différence par rapport aux modes de vie des générations antérieures (DE, MW9, 325).

Or si la pensée signifie une libération de l'action, elle ne peut accomplir cette fonction si elle est elle-même subordonnée à des fins fixées à l'avance : « l'enquête n'est libre que si l'intérêt pour la connaissance est à ce point développé que la pensée comporte quelque chose qui vaut pour lui-même […] Toute limitation imposée à la fin signifie une limitation imposée au processus même de penser » (RP, MW12, 163-4). Cela signifie non seulement qu'une enquête ne doit pas être menée pour servir de caution idéologique à une croyance particulière imposée par avance, mais que, lorsque l'intérêt pour la connaissance est développé comme c'est le cas de l'enquête scientifique, elle ne doit pas non plus être limitée par les demandes dépendant des conditions sociales existantes. Si toute enquête, comme celle du sens commun, est cognitive, la science représente ainsi pour Dewey le type d'enquête où l'intérêt cognitif est devenu dominant sur les autres intérêts (pratique, esthétique, moral, etc. – qui ne sont pas totalement éliminés mais qui passent à l'arrière-plan, ne conditionnant pas l'avancée de l'enquête). Le scientifique cherche pour connaître, c'est-à-dire qu'à l'intérieur de l'enquête scientifique, la connaissance est érigée en fin en soi. C'est une autre manière de dire que rien, dans la recherche scientifique, ne doit bloquer la voie de la découverte de nouvelles connaissances : elle doit s'enquérir de tous les faits qui semblent intéressants à cette fin, et suivre toutes les suggestions qui paraissent prometteuses. Corréla-tivement, les problèmes scientifiques se sont émancipés de leur origine pratique : la géométrie n'est plus développée *pour* répondre aux problèmes des crues du Nil, et l'institution de la science comme savoir organisé fait que les scientifiques trouvent leur problème d'abord dans l'état actuel de la science, et non directement dans la vie pratique ordinaire. Introduire une fin de l'extérieur reviendrait donc à casser le continuum de l'enquête scientifique et par là menacer le progrès de la connaissance.

Mais cela ne veut pas dire que cette fin en soi de l'enquête scientifique soit absolue : elle est seulement relative à l'enquête *scientifique*. Chaque activité humaine un tant soit peu instituée comporte un intérêt dominant et une fin en soi qui la constitue comme l'activité qu'elle est, que ce soit le sport, l'art, l'industrie ou le commerce, et par là une activité donnée ne peut être subordonnée à une autre fin sans risquer de nuire à son développement. Il n'en reste pas moins aux yeux de Dewey que toutes ces activités dépendent d'une division du travail social, et que la question est de savoir si une telle division ira jusqu'à la séparation pouvant aboutir à l'entrave mutuelle de toutes ces activités ou si au contraire elle est organisée dans un effort de coopération mutuelle qui puisse bénéficier à chacune de ces activités. Le progrès de la connaissance, bien que fin en soi du scientifique, n'est pas la fin en soi de l'humanité. L'ériger en fin en soi absolue, indépendamment de sa relation fonctionnelle avec les autres activités humaines, et isoler la communauté des chercheurs des autres associations humaines, est pour Dewey dommageable pour les autres activités comme pour la science même qui ne pourra bénéficier de la communication des autres expériences. C'est en réalité une manière d'empêcher le scientifique de pouvoir contribuer, avec son but et ses moyens propres, au progrès général de l'humanité sous prétexte de contribuer au progrès de la science. C'est la raison pour laquelle il écrit que « la seule garantie d'une enquête impartiale et désintéressée est la sensibilité sociale des enquêteurs [scientifiques] envers les besoins et problèmes de ceux avec qui ils sont associés » (RP, MW12, 165). Sans la formation et l'entretien d'un tel sens social, qui est la perception des relations et des intérêts communs qui lient les individus entre eux (disposition essentielle, comme nous le verrons, à la démocratie), les problèmes scientifiques se substituent intégralement aux problèmes des hommes, au lieu que la résolution des problèmes spécifiquement scientifiques puisse servir de moyen pour résoudre les problèmes humains. L'autonomie scientifique que Dewey reconnaît pleinement ne signifie donc pas la séparation sociale, et toutes les philosophies qui, d'une manière ou d'une autre, absolutisent les fins de l'activité scientifique font en réalité le jeu de cette séparation.

C'est le cas de celles qui distinguent de manière tranchée entre la science et la technologie ou entre la science pure et la science appliquée. Elles perpétuent, selon Dewey, un mode de pensée pré-moderne, c'est-à-dire préscientifique car pré-expérimental. Les Grecs avaient donné une justification ontologique à la supériorité de *l'epistèmè* sur la *technè*, la première ayant pour objet un monde qui ne peut être altéré car ne manquant de rien, alors que la seconde appartient à une région inférieure de l'être marqué par le changement. La connaissance scientifique véritable était par là de nature purement théorique (contemplative), et, même lorsqu'elle portait sur les phénomènes naturels, elle consistait à rapporter directement le matériau sensible et changeant de l'expérience ordinaire aux formes logiques immuables saisies par la pensée rationnelle. La connaissance en tant que mode d'activité supérieur ne constituait donc qu'en opérations purement logiques – et non pratiques – d'inclusion ou d'exclusion (classification, définition, subsomption syllogistique), par lesquelles étaient éliminés le variable et le contingent de la nature. Et l'observation, que les Grecs n'ont jamais négligée selon Dewey, était subordonnée au repérage de ces formes existant de manière antécédente. La nature révélait alors une structure hiérarchisée de classes ontologiquement fixées, où chaque élément avait sa place définie par avance (QC, LW4, 72 et RP, MW12, 113 *sq.* pour la lecture politique d'une telle manière « pré-démocratique » de concevoir la nature). La révolution scientifique moderne marque par opposition une revalorisation généralisée de la pratique et du changement. La logique de la subsomption syllogistique fait place à la logique de la découverte, la recherche de définitions génétiques se substitue à la recherche des définitions par genre et espèce, et l'homogénéisation d'une nature où tous les phénomènes, la lune comme la pomme, répondent aux mêmes lois rompt avec la partition hiérarchisée entre les régions de l'être (comme le supralunaire et le sublunaire) – même si les formes ne sont pas abolies d'un seul coup comme le montre la persistance du fixisme des espèces et de la classification statique plutôt que généalogique jusqu'à Lamarck et Darwin. Les opérations purement logiques sont désormais remplacées par ou intégrées dans des opérations pratiques, que la physique illustre exemplairement par son usage de l'expérimentation. Expérimenter consiste à agir délibérément sur le phénomène au lieu de le contempler et de l'accepter tel qu'il est. Il s'agit d'instituer un changement contrôlé dans le phénomène qu'on veut étudier pour observer quels autres changements sont provoqués en conséquence, le but étant de voir s'il est possible de dégager une corrélation entre ces deux ordres de changements. La loi, dans la science moderne, s'oppose à la forme, comme l'invariant à l'invariable : connaître ne consiste plus à chercher ce qui demeure constant sous les changements et malgré les changements en éliminant précisément ce qui est changeant, mais à découvrir « l'ordre constant *du* changement lui-même » (RP, MW12, 114-115), sous la forme d'une corrélation mesurable entre changements interdépendants, exprimable par une fonction mathématique constante entre plusieurs variables. La recherche de l'intertraductibilité des ordres de phénomènes hétérogènes au point de vue qualitatif (chaleur, son, couleur, lumière, électricité, magnétisme, etc.) en termes de masse, mouvement, espace et temps, soutenue par l'usage des mathématiques comme grand instrument de conversion (le nombre comme équivalent général qui permet d'homogénéiser ce qui est nombré) aboutit à penser la nature comme étant idéalement une série interconnectée de changements, nous permettant à la limite de passer de n'importe quel événement à n'importe quel autre événement. Les lois forment de telles voies rapides nous permettant de circuler *continument* d'un bout à l'autre de la nature, alors que les formes représentaient des sens interdits barrant définitivement le passage (QC, LW4, 107). L'observation elle-même devient expérimentale, dans la mesure où elle ne consiste plus à accepter tel quel le matériau de la perception ordinaire (avec sa richesse qualitative : le chaud et le froid, le haut et le bas, etc.) comme le faisaient encore les Grecs, mais à le prendre comme simple point de départ problématique à modifier et faire varier pour en dégager des *data*. Lorsqu'il n'est pas possible de modifier directement le phénomène à connaître (comme en astronomie), il s'agit encore d'altérer la perception ordinaire même pour qu'elle devienne observation analytique, par l'usage d'instruments optiques d'amplification (microscope, télescope, DE, MW9, 281) ou de conversion (spectroscope). Bref, l'action, loin d'être un obstacle à la connaissance, en est devenue la condition : « mon pragmatisme affirme que l'action est impliquée dans la *connaissance*, non que la connaissance est subordonnée à l'action ou à la "pratique" » (LW14, 13). Par là, si les problèmes et les intérêts scientifiques diffèrent de ceux du sens commun, la logique de la connaissance est la même dans les deux cas, et elle émerge dès que l'enfant corrèle le changement qu'il produit (*doing*) avec le changement qu'il subit (*undergoing*). L'expérimentation est ainsi l'interaction active de l'être humain avec son environnement dans les conditions de maximisation du contrôle de cette interaction.

Les instruments de manipulation, d'observation et de mesure ne sont donc pas de simples adjuvants à la démarche scientifique, ils sont liés de manière interne au nouveau mode expérimental de connaître. Dewey note d'ailleurs que la révolution scientifique s'est accompagnée d'une révolution sociale, avec l'émergence des classes productives face à l'aristocratie, et la revalorisation des instruments et machines comme moyens d'exploration et de découverte du monde (boussole, compas, etc.), qui ont souvent provoqué des progrès scientifiques. Mais les instruments sont plus que de simples causes occasionnelles, parce que leur nature, comme on l'a vu, est corrélationnelle, liant opérationnellement des conditions à des conséquences. Lorsque l'étude de cette corrélation même entre une action faite sur un matériau au moyen d'un instrument et les changements obtenus dans le matériau se substitue à l'usage et à la jouissance du résultat obtenu, alors l'intérêt cognitif domine et le scientifique prend le relais de l'artisan. Mais ils accomplissent les mêmes gestes – percer, chauffer, verser de l'acide, etc. –, et leurs actions obéissent à un même ordre logique (DE, MW9, 281).

La connaissance scientifique portant sur les corrélations entre changements, la science est constitutivement technique, au-delà même de sa seule dimension instrumentée : c'est un « *art* du contrôle » (QC, LW4, chap. 4, ns). La méthode pour produire une connaissance fournit le moyen même pour obtenir un résultat voulu : la corrélation entre conditions et conséquences permet non seulement de prédire certains changements lorsque certains événements sont donnés, mais également de les produire existentiellement. Le contrôle des conditions expérimentales de production d'un phénomène donné fournit par là même les moyens de contrôler l'apparition du phénomène, comme son altération ou sa disparition : il est possible de synthétiser ou de décomposer de l'eau en reproduisant les expériences par lesquelles Lavoisier en est venu à connaître la nature chimique de l'eau. Les lois de la nature fournissent ainsi des nouvelles règles d'action, lorsqu'une série de changements dont on a établi la corrélation avec une autre série de changements est utilisée comme moyen en vue de les produire. En ce sens, la défense de l'autonomie de la recherche scientifique vis-à-vis des demandes pressantes du monde socio-économique ne doit pas se prévaloir d'une démarcation absolue entre science pure et science appliquée, qui est un héritage de la distinction préexpérimentale entre science et art, puis, à l'intérieur des arts, entre arts libéraux et arts mécaniques (serviles, pratiques), persistant « après même que la science eut elle-même adopté les instruments des arts » (DE, MW9, 237 et chap. 19 sur « travail et loisir »). Même si les fins ne sont pas les mêmes, « il n'y a pas de différence dans le principe logique entre la méthode des sciences et la méthode poursuivie dans les technologies » (QC, LW4, 68) : le même type de modification intentionnelle et de contrôle des changements est produit dans le laboratoire et dans l'atelier ou l'usine. Il y a continuité logique entre l'activité scientifique et l'activité industrielle, l'ingénieur *ne fait rien d'autre* que le savant, même si la finalité de son activité n'est pas la même. Le problème social de la science n'est donc pas celui de la subordination du scientifique à l'ingénieur (Dewey est en faveur d'une forme d'ingénierie sociale au service de l'intérêt commun), mais celui de la subordination de l'ingénieur à l'homme d'affaires « dont le souci premier [...] est les intérêts de la propriété comme institution élaborée à l'époque féodale et semi-féodale » (PP, LW2, 303). Mais une science qui se couperait des « applications » qui étendent l'usage social de ses expérimentations risquerait de voir son développement tout autant entravé qu'une industrie qui se couperait des bénéfices du développement de la recherche pour elle-même. Dans les deux cas, c'est la liberté d'expérimenter qui serait limitée.

En définitive, la substitution de la méthode expérimentale d'un chercheur actif à la méthode classificatoire d'un sage contemplatif n'est pas seulement une révolution épistémologique, technologique ou même sociale : c'est une révolution morale qui affecte l'attitude de l'homme envers la nature. Auparavant, l'activité des êtres humains était subordonnée à la réalisation de fins prédéfinies dans la nature qui constituaient des limites absolues à leurs activités. L'élimination des fins et valeurs dans la nature qu'a opérée la physique moderne a eu un effet disruptif positif, même si la reconstruction philosophique a d'abord conduit à la réduction de la nature au physique et à la sauvegarde des valeurs dans l'esprit. Car elle a signifié le début de l'émancipation des fins humaines vis-à-vis de fins fixes non-humaines imposées par le cosmos ou Dieu. Si l'univers physique est un immense mécanisme qui n'obéit à aucune cause finale, alors il devient pensable d'utiliser ce mécanisme pour réaliser les fins multiples et changeantes des êtres humains. De nouvelles fins, de nouvelles valeurs sont possibles, car la science nous découvre de nouveaux moyens d'action. La matière n'est plus maudite : c'est l'ensemble des conditions physiques qui permettent d'obtenir certaines conséquences désirables (RP, MW12, 119-121). L'essence de la technique n'est en effet pas technique : elle est morale, et elle signifie l'émancipation de l'homme vis-à-vis de l'Être non-humain. Cela ne veut pas dire qu'il faille réduire la nature au physique, comme on l'a vu : la science de la nature bien comprise est plus humaniste que le soit-disant humanisme qui isole l'homme du reste de la nature. Cela ne veut pas non plus dire qu'une telle attitude, « qui contient quelque chose de dur et d'agressif » (RP, MW12, 152) doive dominer nos interactions avec la nature (dont les êtres humains font partie). L'attitude grecque était déséquilibrée parce qu'elle était dominée par l'intérêt esthético-religieux envers la perfection des formes, ce qui faisait des êtres humains les possibles jouets et victimes de forces naturelles qu'ils ne pouvaient et ne voulaient utiliser ni contrôler. Mais l'attitude moderne, si elle se déséquilibrait dans l'autre sens par la domination de la volonté de contrôle sur les autres intérêts (notamment esthétiques), ferait de l'humanité une « race de monstres économiques, toujours occupés à marchander durement avec la nature et les uns avec les autres » (RP, MW12, 152). Il est même important, aux yeux de Dewey, de reconstruire la religion pour la concilier avec cette nouvelle attitude pratique, non pas dans un souci de démarcation ou de rivalité, mais de soutien mutuel. Il faut pour cela que la religion abandonne à la science toute prétention cognitive sur la nature comme toute prétention à l'organisation sociale, et qu'elle retrouve ce qu'elle était sous les dogmes et les institutions : une simple attitude de l'être humain dans un monde incertain. Mais une telle attitude peut permettre d'améliorer en retour l'attitude de contrôle en expurgeant ce qu'elle peut avoir d'agressif, car elle se manifeste sous la forme d'une « foi » dans les possibilités d'une nature qui n'est pas encore achevée et d'une « piété » envers l'univers où nous vivons : une foi envers les fins meilleures que les hommes peuvent encore imaginer, et une piété envers les moyens et conditions naturelles qui permettraient de les réaliser. La foi de l'artiste envers l'idéal, et le soin de l'artisan envers ses outils (QC, LW4, 243-246).

La troisième manière d'opposer la science au sens commun est celle consistant à s'appuyer sur le contraste entre l'image scientifique du monde, faite de particules subatomiques et de galaxies lointaines, et celle que nous renvoie l'expérience ordinaire, faite de tables et de points lumineux dans le ciel. Il n'est évidemment pas question de nier ces différences, mais, toujours dans la même ligne, de nier qu'elles soient « dues à quelque division fondamentale de l'objet existentiel » (LTI, LW12, 82). La question est « celle de la relation des objets des utilisations pratiques et des jouissances concrètes et des conclusions scientifiques ; non des objets de deux domaines différents, épistémologiques ou ontologiques » (*ibid*, 71). Cette opposition repose d'après Dewey sur le présupposé que la science moderne aurait accompli une opération ontologique, à savoir éliminer les qualités et valeurs de la nature, en révélant que l'univers matériel était composé d'atomes dont les mouvements n'obéissent à aucune cause finale. C'est que la révolution scientifique moderne a d'abord été comprise à travers les lunettes de l'ancienne métaphysique : les philosophes et les scientifiques eux-mêmes ont cru que la science révélait la réalité telle qu'elle était en elle-même, si bien que le monde de l'expérience ordinaire, si différent, ne pouvait être qu'un monde d'apparences, dépendant des sujets. Le monde des atomes a été traité comme un rival ontologique du monde ordinaire, et, dans cette course à la vraie réalité, l'expérience ordinaire a été encore une fois déréalisée. Les atomes ont remplacé les anciennes substances de la métaphysique grecque, mais en ont d'abord conservé toutes les caractéristiques : des éléments invariables, dotés de propriétés intrinsèques (les qualités dites primaires : volume, mouvement, masse, etc.), qui interagissent entre eux sans que ces interactions n'affectent leur nature intrinsèque. Ces qualités primaires sont opposées aux qualités dites secondaires (couleurs, sons, saveurs, etc.) qui, n'étant pas des propriétés des objets eux-mêmes, mais dépendant de l'interaction des objets avec les sujets humains, ne font pas partie de la nature, mais seulement de l'expérience considérée alors comme purement subjective. Le statut et la place des qualités secondaires dans la nature fait ainsi partie de ces problèmes artificiels de l'épistémologie moderne selon Dewey, qui dépendent d'une pensée pré-expérimentale. Car le problème, de son point de vue, est dans l'acceptation et le maintien de l'idée même de qualités primaires ou de propriétés intrinsèques, résidu de l'essentialisme grec dans sa quête de certitude (QC, LW4, 97).

Or, ce que l'histoire des sciences modernes nous a progressivement fait comprendre, c'est qu'aucune propriété d'un objet scientifique n'est absolue et ne peut qualifier un objet de manière isolée. La théorie de la relativité d'Einstein a montré que même la masse variait avec la vitesse. Dewey en tire la conclusion que toutes les propriétés des objets scientifiques sont relationnelles et dépendent des interactions avec les autres objets. Plus exactement – car l'idée même de « propriété » relationnelle est encore tributaire de la logique aristotélicienne –, ce que la science prend pour « objet », ce n'est précisément pas un objet individuel (tel atome, pris dans la continuité de son histoire, qui en fait l'individualité), mais les corrélations quantifiables entre changements (si l'on fait interagir tant d'atomes d'hydrogène avec tant d'atomes d'oxygène, telle quantité d'eau se formera). En ce sens, il n'y a pas d'opposition entre la connaissance scientifique et la connaissance du sens commun : toutes les deux portent non pas sur les qualités des objets, mais sur des relations entre changements (si je touche la flamme, elle me brûlera). En revanche, il y a une différence entre la connaissance (qu'elle soit scientifique ou de sens commun) et l'usage ou la jouissance des choses, ce qui est une différence d'intérêt et de mode d'interaction avec les choses, non une différence ontologique. Autrement dit, ce ne sont pas les propriétés de l'électron qui en font un objet scientifique : c'est le fait qu'un électron individuel soit compris comme un ensemble d'événements en corrélation avec un ensemble d'autres événements. Ce n'est donc pas la taille qui compte en science : si, au lieu d'écarter la pierre du chemin qui gêne mon passage, j'en considère les rayures en relation avec l'idée de glacier, elle-même mise en rapport avec l'histoire du climat et de la dérive des continents, je place cette pierre dans un contexte relationnel théorique qui la constitue en objet distinctement scientifique. À l'inverse, si j'avais le pouvoir de percevoir directement les électrons, je ne les connaîtrais pas pour autant comme le fait le savant : je jouirais de leurs trajectoires et de leur énergies, ou je les utiliserais à quelque fin comme je peux le faire avec n'importe quel objet de mon expérience ordinaire (LW14, 23 – voir toute la discussion de Dewey avec Reichenbach sur ce sujet). La différence n'est donc pas entre la science et le sens commun, mais entre l'accentuation de l'intérêt cognitif, qui se porte sur les relations entre événements (qu'ils soient ceux de l'expérience des gens ordinaires comme ceux mis au jour lors d'expériences scientifiques), et celle de l'intérêt pratique, esthétique ou moral, qui vise à l'usage ou à la jouissance des qualités et valeurs des choses dans leur individualité. Malgré ce qu'en dit Eddington, la table décrite comme un nuage d'atomes n'est donc pas en concurrence avec la table de ma cuisine, dans une compétition ontologique destinée à savoir quelle est celle qui est vraiment réelle (*cf.* QC, LW4, 189-192). Tout simplement parce que le nuage d'électrons n'est pas une *table* : la « table » désigne l'objet individuel dont je me sers pour manger et dont j'apprécie l'effet esthétique dans la pièce. Si je pouvais me servir directement des électrons comme je me sers de la table, ils acquéraient l'individualité des objets d'usage et de jouissance. En définitive, il semble qu'il vaille mieux parler de « qualitatif » et de « relationnel » plutôt que de « qualités » et de « relations », car ces termes désignent deux manières d'interagir avec les choses (deux attitudes, l'une esthétique l'autre scientifique) : soit on les considère comme des totalités individuelles, avec des qualités dont on peut jouir (ce qu'elles sont), soit on les considère comme des complexes de relations génériques (ce qu'elles sont tout autant) : soit comme des finalités à prendre telles quelles, dans leurs qualités individuantes, soit comme des moyens, intermédiaires et médiateurs dans un vaste réseau d'interconnexions qui nous permet de passer d'un événement à un autre.

La différence entre ces deux attitudes est bien sûr une différence d'accentuation du poids de l'intérêt dominant, et non une démarcation absolue, et elles peuvent se renforcer l'une l'autre. C'est déjà le cas au seul plan du sens commun, car la reconnaissance de l'utilité de la connaissance des corrélations entre événements pour contrôler le cours de l'expérience et s'assurer l'usage et la jouissance des objets précède la science : c'est la méthode même de l'intelligence. On a tôt fait de constater que l'eau des ruisseaux était meilleure à boire que celle des étangs. Mais la science, par l'extension et la précision du réseau d'interconnexions dans lequel elle place toute qualité, fournit des moyens de contrôle sans précédent. Pour avoir de l'eau pure, je peux dorénavant la synthétiser directement à partir des atomes d'oxygène et d'hydrogène. Le rapport de l'eau à H_2O n'est pas un problème ontologique, c'est un problème technologique. L'abstraction des qualités des choses expériencées pour les traiter comme des événements dont l'apparition dépend d'autres événements est ainsi selon Dewey le moyen le plus sûr dont les êtres humains disposent pour améliorer l'usage et la jouissance de ces choses expériencées. Au lieu que la science soit considérée dans son destin métaphysique comme voie d'accès à un ordre d'être certain, isolé d'une expérience humaine incertaine, elle est, sous sa forme expérimentale, le meilleur moyen d'augmenter la sûreté de l'expérience ordinaire elle-même. Elle n'élimine pas les qualités et les valeurs de l'expérience, elle est au contraire la promesse de leur plus grande assurance au sein même de l'expérience (LW6, 430). Et cette amélioration n'est pas seulement une question d'augmentation du pouvoir de contrôle des conditions d'apparition des qualités et valeurs, mais d'accroissement de signification de l'expérience. De même que l'enfant n'interagit plus avec la flamme comme avec un simple signal physique mais que la flamme possède dorénavant la signification de pouvoir brûler (puis de cuire, d'éclairer, de fournir un foyer, etc.), de même, chaque nouvelle connexion établie entre conditions et conséquences augmente la signification de notre expérience. Si l'on se souvient que l'esprit est défini par l'ensemble de ces significations, on comprendra qu'aux yeux de Dewey, ce plus grand pouvoir sur les conditions matérielles de nos expériences est en même temps et par là même un enrichissement spirituel : nos interactions sont moins limitées, plus variées, plus profondes. Les usages préscientifiques limités de l'eau (boire, laver, cuire, naviguer...) non seulement se voient démultipliés grâce à son analyse chimique, mais celle-ci permet de découvrir les connexions de ce composé avec l'ensemble du système des éléments chimiques, replaçant l'eau de notre expérience ordinaire dans la grande histoire de l'univers – à laquelle les hommes participent (QC, LW4, 85 et 126-127).

La morale de l'enquête

Du point de vue de la méthode, Dewey ne voit aucun obstacle logique à ce que le schème de l'enquête scientifique soit applicable à la résolution des conflits humains (« moraux » au sens large) : ces conflits sont les situations indéterminées qu'il faut instituer en problème, et l'enquête doit procéder en développant corrélativement l'observation des faits et l'émission des hypothèses, dans la visée pratique de trouver une réponse qui puisse transformer existentiellement la situation en la réunifiant (*cf.* le chapitre sur « L'enquête sociale », dans LTI, LW12, chap. XXIV). Mais en-deçà même de l'application de l'enquête à la morale, il convient de souligner les aspects humains et moraux de l'enquête scientifique. L'enquête étant le mode logique de la conduite, elle partage en effet avec l'ensemble des autres conduites humaines certaines caractéristiques.

Nous ne reviendrons pas sur le fait qu'il s'agit d'une interaction active et transformatrice avec l'environnement, se déroulant selon un ordre temporel propre, et tendue vers une fin en vue. Une telle activité suppose la participation d'un individu qui doit faire des choix pratiques, estimer la valeur relative de ses informations et conclusions tout au long de la recherche et plus généralement ajuster ses moyens et ses fins, et, de ce point de vue, l'enquête scientifique la plus abstraite et impersonnelle ne diffère pas de l'enquête du sens commun la plus pratique et personnelle (LTI, LW12, 176).

L'enquête scientifique est en outre une activité sociale, le facteur social n'étant pas contingent mais essentiel à la recherche. Dewey rend hommage à Peirce pour avoir reconnu explicitement la nécessité du facteur social dans la détermination de la preuve (*ibid*, 484). Outre le fait que la recherche nécessite un effort coopératif de la part des chercheurs, ainsi qu'une continuité sociale de la recherche d'une génération à l'autre (ce que Bacon avait déjà souligné à l'aube de la science moderne, *cf.* RP, MW12, 100), cette dimension sociale exige que les faits de l'enquête servant de preuves soient publics et non privés. L'idée même de preuve présuppose qu'elle soit partageable : une observation effectuée par un seul individu, et, à plus forte raison, effectuable par un seul individu (comme l'introspection) ne peut valoir de preuve. La communicabilité voire la reproductibilité des expériences scientifiques signifie que la science constitue nécessairement une communauté d'enquêteurs, au sens fort du terme de communauté que nous avons vu : l'accord des chercheurs sur une proposition dépend d'un accord dans l'action et ses conséquences.

Les deux aspects précédents, qui prolongent les facteurs biologiques et sociaux de toute interaction humaine, débouchent sur des aspects proprement éthiques, car, étant une conduite, l'enquête peut être bien ou mal menée, si bien que la réussite d'une enquête dépend également des bonnes habitudes de penser qu'un individu a pu former. La connaissance théorique de la méthode de l'enquête ne suffit pas : il faut « cultiver les *attitudes* qui sont favorables à l'usage des meilleures méthodes d'enquête et de mise à l'épreuve. [...] Il faut qu'il y ait le désir, la volonté de les employer. Ce désir est une question de disposition personnelle » (HT2, LW8, 136). Les principes logiques impersonnels de l'enquête ne sont ainsi pas dissociables, dans leur usage effectif, des qualités morales du caractère de l'enquêteur, ni l'intelligence de la volonté. Ces qualités générales correspondent à ce qu'on appellerait aujourd'hui les vertus épistémiques, dont Dewey donne la liste suivante (*cf.* DE, MW9, 180-186 ; HT2, LW8, 136-138) : l'*ouverture d'esprit* (*open-mindedness*) comme disposition aux suggestions nouvelles contre la clôture trop rapide de l'enquête ; la *concentration* (*directness, whole-heartedness, single-mindedness*) comme disposition à l'unité de l'enquête, au maintien de la coordination de ses phases contre la dispersion de l'expérience, et comme détermination à la suivre jusqu'au bout pour voir où elle mène ; la *responsabilité* comme disposition à accepter les conséquences de l'enquête malgré le caractère éventuellement déplaisant du résultat d'un point de vue personnel. Nous pouvons reconnaître, pour les deux dernières d'entre elles en tout cas, la version épistémique des « vertus cardinales » de la tempérance et du courage, de la justice et de l'honnêteté de la morale traditionnelle (*cf.* E1, MW5, 363-379). Pour résumer ces dispositions morales comme aspects d'une seule et même attitude générale, il s'agit de « la volonté (...) de maintenir l'intégrité intrinsèque de l'enquête »

(LW14, 71) – c'est l'équivalent de la « sagesse »
comme « mère de toutes les vertus » (E1, MW5, 364).
Au-delà du détail de la transposition de la logique de
l'enquête dans les questions humaines pour constituer
une enquête sociale ou morale, Dewey considère que
le plus important, du point de vue philosophique, c'est-
à-dire culturel, est dans la formation d'un tel moi moral,
c'est-à-dire dans l'acquisition chez tous les hommes de
telles attitudes. La reconstruction de la situation est donc
corrélée à la reconstruction du moi de l'enquêteur, surtout
lorsque la poursuite quoi qu'il en coûte du fil de l'enquête
jusqu'à des conséquences qu'il n'avait pas envisagées au
départ l'oblige à abandonner des croyances auxquelles il
tenait. Le pas essentiel serait ainsi fait dans la résolution
des problèmes moraux si de telles attitudes étaient
adoptées pour les résoudre. L'enquête morale commence
avec l'adoption de la morale de l'enquête. Telle est la
leçon finale de la science, au-delà de ses conclusions
et théories, et au-delà même de ses procédures et
méthodes d'enquête particulières : « la science a déjà
crée une nouvelle morale » (FC, LW13, 167), une
morale qui n'existait pas avant l'invention de l'enquête
expérimentale. La science incarne ainsi un complexe
d'attitudes qui est tout à la fois intellectuel et moral, et
qu'on peut appeler « l'expérimentalisme » : « La science
elle-même signifie l'adoption d'une certaine attitude,
l'attitude expérimentale, celle d'un esprit inquisiteur,
en recherche, qui n'acceptent de conclusions que sur la
base de preuves. Cette attitude expérimentale de l'esprit
n'a guère fait de percée dans la culture moderne, les
idées politiques ou les conceptions morales. L'ancienne
attitude d'esprit préscientifique prévaut » (LW6, 429).

Cette morale repose sur l'abandon de la quête de certitude comme attitude générale de l'homme dans un monde incertain, et l'adoption du faillibilisme à toutes les étapes de l'enquête. Lorsqu'un homme est confronté à une situation incertaine, le préscientifique est celui qui veut sortir le plus rapidement possible du doute pour arriver à une conclusion absolument certaine ; le scientifique est au contraire celui qui sait faire face au doute, qui prend même plaisir au doute, qui contrôle l'impulsion d'arriver le plus vite possible à une conclusion, qui suspend son jugement jusqu'à l'obtention de preuves qu'il estime suffisantes au lieu de ne retenir que les faits qui vont dans le sens de ses croyances antérieures ou de ses préférences personnelles, et qui, enfin, considèrent toute conclusion, y compris la plus garantie, comme n'étant jamais qu'une hypothèse susceptible d'être remise en cause dans le cours des enquêtes futures et non comme une vérité universelle et nécessaire, soustraite à jamais à l'examen critique.

L'extension de la logique de l'enquête scientifique aux questions humaines signifie donc en dernière instance l'extension d'une telle morale scientifique à l'ensemble de la moralité humaine. Le problème central de la vie moderne est ainsi retraduit dans les termes de la division entre une petite minorité de personnes dont les croyances sont formées « sur la base de preuves, obtenues par une enquête systématique et compétente » et la grande majorité dont les croyances sont formées « par l'habitude, les circonstances accidentelles, la propagande, les intérêts personnels ou de classe » (LW13, 167). Ce n'est même pas une division entre science et morale, faits et valeurs, mais une division entre une attitude et une autre envers les faits comme envers les valeurs. Si les physiciens ou les biologistes eux-mêmes ne sont pas immunisés contre les habitudes préscientifiques de penser lorsqu'ils abordent les questions morales, sociales ou politiques, et s'ils sont parfois mêmes immoraux dans leur propre recherche du point de vue de la morale immanente de l'enquête, c'est que la généralisation d'une telle attitude est une question de transformation de la culture (au sens de civilisation), question qui dépasse le seul domaine de la science dans la mesure où la science elle-même est une partie de la culture d'une société, en relation avec les autres secteurs d'activité toujours contrôlés par des habitudes préscientifiques de penser. C'est parce que les hommes ont tiré profit des résultats de la science sans tirer profit de la morale de la science qu'ils détournent constamment les moyens de contrôle que la science procure au profit des fins de l'ancienne morale : le court terme, le profit personnel, l'intérêt de classe, la propagande d'Etat, la guerre devenue technologique, etc. Le problème de la restriction d'une telle attitude à un secteur d'activité seulement de la culture et à une minorité de personnes est ainsi le problème central de la démocratie – c'est en fait le problème même de la démocratie comme processus de démocratisation de l'enquête : « alors qu'il serait absurde de croire qu'il est désirable ou même possible que tout un chacun devienne un scientifique si la science est définie du point de vue de ses objets d'étude, le futur de la démocratie a son sort lié avec l'extension de l'attitude scientifique. Elle est la seule garantie protégeant du mensonge généralisé de la propagande. Plus important encore, elle est la seule assurance que soit possible une opinion publique suffisamment intelligente pour répondre aux problèmes sociaux du présent » (LW13, 168).

À LA RECHERCHE DE L'ENQUÊTE MORALE

Des biens naturels aux valeurs morales

En accord avec son projet de transposition de la méthode scientifique aux questions humaines, le but de Dewey en matière de morale est de provoquer un changement d'attitude vis-à-vis de nos conduites et des jugements que nous portons sur elles : il s'agit de réguler nos conduites dans un esprit moins dogmatique et plus expérimental. Mais il attend également un changement d'attitude vis-à-vis de ce que nous attendons de nos théories morales et de ce qu'elles peuvent réellement offrir. La philosophie morale est née comme réponse à l'incertitude de l'action en substituant la raison à la coutume comme source incontestable de l'autorité morale. Et malgré la diversité des théories morales au cours de l'histoire, la philosophie morale n'a pas encore surmonté selon Dewey les conditions de son origine si bien que même les tendances philosophiques en apparence les plus opposées, comme les morales du bien et les morales de la loi, reposent encore sur un présupposé commun : « la théorie éthique a depuis ce temps été étrangement hypnotisée par l'idée que sa mission était de découvrir une fin ou un bien définitif ou bien une loi suprême et ultime » (RP, MW12, 172). Les morales du bien prétendent connaître la fin ultime qu'il faut contribuer à réaliser par son action pour être moral (le bonheur, le plaisir, la réalisation de soi, la vie rationnelle, la sainteté, etc.) ; les morales de la loi proclament être en possession de la règle ultime (la loi naturelle, la volonté divine, l'autorité du souverain, la conscience rationnelle du devoir, etc.) dont l'application dans une situation

particulière garantirait de manière infaillible la moralité
de l'acte – mais toutes deux reviennent à nier l'incertitude
morale. Il n'y a pas de véritables conflits moraux pour
de telles théories : les dilemmes ne sont jamais qu'entre
un bien réel et un faux-bien, produit de l'ignorance, ou
entre la loi et le désir, produit de la faiblesse humaine. La
différence entre ce qui est moral et ce qui est immoral a
déjà été faite, elle est antécédente au choix de l'individu
et à son action (LW5, 279-280). Il peut faire le bon choix,
réaliser le bien ou suivre la loi, mais la valeur des options
a déjà été décidée en droit : sa propre décision est un
processus seulement psychologique, qui n'affecte en rien
la qualité morale de son acte. De ce point de vue, seul
les individus s'améliorent, mais la moralité elle-même
ne peut être améliorée : lorsque le philosophe a trouvé le
bien suprême, lorsqu'il a énoncé la loi ultime, il peut se
reposer, il a achevé sa quête.

Aux yeux de Dewey, le changement, l'incertitude, le
conflit sont constitutifs de l'expérience morale, si bien
que le choix n'est jamais une simple affaire de déduction,
d'application ou de calcul à partir d'une réalité morale qui
existerait indépendamment de l'expérience. Un tel point
de vue absolutiste a comme effet à la fois de simplifier
abusivement la complexité des situations morales, qui
sont toujours particulières et soumises au changement,
et de décourager l'exercice de l'intelligence critique,
dans la mesure où l'on est déjà censé savoir ce qui est
moral et ce qui ne l'est pas. Il revient même souvent, sous
prétexte d'obéissance à l'autorité d'une norme absolue, à
bénir les valeurs et principes en cours en les soustrayant
à l'épreuve de l'expérience, et à favoriser à des degrés
divers le conformisme, le dogmatisme, l'autoritarisme

voire le fanatisme de ceux qui sont déjà sûrs de leur droit (E2, LW7, 267). Une situation est morale précisément lorsqu'il y a une incertitude réelle sur ce qu'il faut faire, c'est-à-dire lorsque nous ne savons pas, dans la situation particulière où nous sommes, quel est le bien de cette situation et où se trouve notre devoir : ils ne sont pas déjà donnés et le problème de la délibération est justement de les identifier. Le but d'une théorie morale n'est donc pas selon Dewey de proposer un critère ultime et unique permettant de partager de manière décisive entre ce qu'il faut faire et ce qu'il ne faut pas faire quelle que soit la situation, mais d'indiquer les méthodes permettant de faire face aux conflits moraux et de rendre les choix plus intelligents compte tenu de la particularité de chaque situation individuelle (E2, LW7, 316). Dewey est peut-être ainsi le premier philosophe à penser la possibilité d'un véritable progrès moral, et pas seulement psychologique. Même Spencer, pseudo-évolutionniste en morale comme ailleurs, avait prédit une période où l'évolution atteindrait son but, et où un ensemble de règles qui ne seraient plus soumises à l'évolution lieraient les hommes de manière uniforme, les morales actuelles n'étant que relatives au regard de cette morale achevée (MW3, 57). La position de Dewey revient en effet à affirmer qu'il est possible et même nécessaire non seulement de critiquer les biens et devoirs qui ne sont plus ajustés à la résolution des situations problématiques morales actuelles, mais de « construire » de nouveaux biens et de nouveaux devoirs comme de réviser les critères de nos jugements de valeur : la croissance morale n'est pas une apparence ou un changement purement accidentel vis-à-vis d'une réalité morale déjà complète.

Déclarer être déjà en possession de principes et normes absolus, c'est ainsi prétendre légiférer sur ce que devront être les décisions morales de nos descendants dans dix milles ans, quels que soient les changements qui se produiront au cours de l'expérience. On voit que la ligne de Dewey est toujours la même : il ne faut pas bloquer la voie de l'enquête morale. La question n'est donc pas de savoir si la vie morale des hommes évoluera ou non : le changement est un fait. La question est plutôt de savoir si l'on cherche à réguler ce changement de manière intelligente et contrôlée, en tenant compte de la nouveauté des perplexités qui surviendront inévitablement, et en fournissant l'effort requis à chaque fois pour reconstruire les conceptions morales qui serviront de guides pour orienter les pratiques, ou si l'on continue à balancer entre l'absolutisme des théories philosophiques ou religieuses d'un côté (la direction autoritaire sans le changement) et le relativisme des pratiques actuellement approuvées de l'autre (la variation aléatoire sans direction). Une telle approche, ne fournissant aucune réponse automatique, ne garantit pas contre les fautes et les échecs ni ne protège contre de nouveaux conflits, mais elle permet, comme en science, d'apprendre de ses erreurs et de disposer d'un fonds de ressources issu des décisions les mieux garanties du passé pour aborder ces nouveaux conflits sans être complètement démuni (HNC, MW14, 11).

Dans le détail, il y a deux grandes entrées possibles dans les conceptions de Dewey en matière de morale. La première, la plus directe mais la plus étroite, est de situer sa position par rapport aux courants dominants de la philosophie morale et de voir comment il en reconstruit les concepts majeurs (liberté, responsabilité, volonté, etc.). Le principe de sa discussion est le même qu'en philosophie de la connaissance, reposant à la fois sur la dénonciation du sophisme du philosophe et sur la « méthode empirique » de clarification. Chaque courant a isolé et absolutisé un aspect de la vie morale concrète : par exemple le bien, le devoir et la vertu comme catégorie fondamentale (ces divisions reposent sur la séparation de l'intérieur et de l'extérieur, du caractère et de conduite, de l'intention et des conséquences); l'expérience ou la raison comme mode de connaissance morale; le primat du point de vue individuel ou celui du point de vue social (*cf.* E1, MW5, 207-209). Il s'agit dès lors de revenir aux situations morales dans leur complexité pour analyser la fonction spécifique que chaque aspect peut jouer au cours d'une délibération réfléchie jusqu'à la décision pratique (*cf.* E1, MW5, partie II, LW5, 279-288 et E2, LW7, 180-261 pour les formulations les plus complètes, mais *Democracy and Education* et *Reconstruction in Philosophy* contiennent chacun un chapitre où les théories morales dominantes sont renvoyées dos-à-dos dans leur caractère unilatéral).

La seconde entrée, la plus large, consiste à partir de sa théorie des valeurs. Cette théorie est générale, les jugements moraux n'étant qu'une espèce de jugement de valeur, et d'une certaine manière cette théorie s'identifie avec la philosophie en son ensemble, dans la mesure où celle-ci est la théorie et la pratique du jugement critique dans tous les domaines et aspects de l'expérience (croyances épistémiques, conduites morales, appréciations esthétiques). De ce point de vue, tous les problèmes philosophiques présentent une forme similaire : les croyances acceptées sont-elles vraiment acceptables? Les biens désirés sont-ils vraiment désirables? Les objets appréciés sont-ils vraiment appréciables?

(EN, LW1, 301). Comme néanmoins ces jugements de valeur sont des jugements de pratique qui déterminent notre conduite, la morale, entendue au sens étroit (étude de la conduite en tant qu'elle est jugée bonne ou mauvaise) a tenu chez Dewey une place privilégiée dans l'élaboration progressive de cette théorie générale de la valeur (identifiable au sens large de « morale »), jusqu'à sa présentation relativement autonomisée dans *Theory of Valuation*. Nous privilégierons ici cette voie, car elle rend plus manifestes les liens entre les thèses morales de Dewey et son programme général de réintégration des croyances sur les faits et des croyances sur les fins et valeurs, comme ceux avec ses principales thèses en philosophie politique et éducative.

Il n'existait pas de problème séparé des valeurs avant l'émergence des sciences modernes, ni par conséquent de besoin d'une « théorie des valeurs » comme il en est apparu depuis. Les valeurs, sous la forme des fins à accomplir, faisaient partie de la structure même de la réalité, si bien que la morale, comme l'épistémologie, était incorporée dans l'ontologie. Le problème de la place des valeurs dans la nature est un problème artificiel découlant de la fausse interprétation de la révolution scientifique, selon laquelle les sciences modernes auraient accompli une opération ontologique consistant à éliminer les fins et les valeurs de la nature. La solution dominante pour préserver les valeurs sans les réduire à des faits a été dualiste et mentaliste, comme on l'a vu (sur la solidarité des autres solutions, éliminativiste et surnaturaliste, avec ce postulat commun, *cf.* TV, LW13, 193). Le projet de Dewey s'éclaire par contraste si l'on y voit une tentative pour intégrer à nouveau les valeurs dans la nature mais en surmontant les dualismes tant classiques que modernes. D'une part, contre la métaphysique classique, les valeurs ne constituent pas un ordre de réalité supérieur à l'expérience, mais sont des biens expériencés qui font partie du développement normal de la vie. D'autre part, contre le mentalisme moderne, les jugements de valeur obéissent à la même logique que les assertions des sciences de la nature. Il en découle les deux aspects de sa théorie : une psychologie des comportements dit de « valuation » (*valuation*), qui récupère les acquis de la théorie naturaliste de l'expérience sous le double point de vue biologique et social ; une logique de la délibération morale, qui voit précisément dans la délibération la conduite logique spécifiquement morale, ce qui permet de récupérer les acquis de la théorie de l'enquête, sous le double aspect de la moralité réfléchie ordinaire et du projet d'un traitement scientifique de la moralité.

Les valeurs émergent du processus de la vie dans certaines conditions spécifiques d'interaction de l'organisme avec son environnement. Elles qualifient un certain mode de comportement (elles sont adverbiales) et ne réfèrent pas à des événements purement privés mais sont observables publiquement dans le type d'attitude que l'organisme manifeste envers les objets auxquels il attache de l'intérêt et de l'importance (qu'il « value »). Les sources biologiques des valeurs (positives et négatives) sont à chercher dans le double rapport de sélection et de rejet que tout organisme vivant entretient avec un environnement qui soutient autant qu'il entrave ses fonctions vitales. Chez les animaux les plus évolués, ce double rapport se développe dans certains comportements caractéristiques consistant à prendre soin ou faire attention (*caring-for*), notamment aux jeunes et aux partenaires (nourrir, protéger, etc.). Ces comportements affectivo-moteurs sont instinctifs. Pour qu'ils deviennent des comportements de « valuation » proprement dit, c'est-à-dire pour que la poule qui couve attache de la valeur à ce qu'elle fait, il faut qu'apparaisse selon Dewey une condition supplémentaire fournissant un élément intellectuel : l'anticipation du résultat (l'éclosion des œufs). L'éclosion deviendrait ainsi la fin visée et désirée par la poule dans son activité (LW16, 347). Pour saisir l'importance du concept de « fin-visée » ou « fin-en-vue » (*end-in-view*) chez Dewey, il faut distinguer trois concepts de fin d'une action, correspondant à chaque plateau de la nature (*cf.* DE, MW9, 107-111). Le résultat ou l'issue (*result, outcome*) est le terme purement extérieur d'une série de changements. Il ne constitue pas à proprement parler une fin, dans la mesure où ces changements n'aboutissent pas à ce résultat comme à leur accomplissement : d'un point de vue physique, le vent changeant la position des grains de blé n'aboutit qu'à une simple redistribution spatiale, état qui est indifférent par rapport au processus dont il est le résultat. En revanche, la fin (*end*) est l'achèvement d'une série de changements qui a un commencement et qui effectue une transformation de la situation telle que son terme final réalise et accomplit l'ensemble de la série. Toute activité vitale est de ce type, comme celle des abeilles qui récoltent le pollen, ce qui permet de produire la cire, permettant de construire les cellules pour la ponte. Le critère de l'accomplissement d'une fin, par rapport à la simple causation d'un résultat, n'est pas dans une intention consciente (on n'a pas besoin de supposer les abeilles conscientes) mais dans la relation de continuité interne entre les étapes, qui est observable dans la place et l'ordre temporel de chaque changement effectué : les étapes ne sont plus indifférentes les unes aux autres, mais chacune bénéficie des résultats de la précédente et prépare la suivante. De ce point de vue, la fin est le bien de l'activité : c'est l'activité accomplie, consommée, satisfaite. Il y a donc bien des fins et des biens dans la nature, l'erreur de la métaphysique grecque étant d'avoir extrapolé cette philosophie de l'action en une ontologie générale (en plus d'avoir posé la fixité de ces fins).

Enfin, un but ou une fin-visée (*aim*, *end-in-view*) est l'anticipation d'une fin (*end*) possible qui donne sa direction à l'activité jusqu'à son accomplissement et qui coordonne les différentes actions à faire pour y arriver (écarter les obstacles, trouver les moyens disponibles, ordonner les étapes, rationaliser la coordination des gestes, etc.). Telles sont les actions intelligentes comme on l'a vu, puisque l'esprit n'est rien d'autre que ce mode de coordination des actions en vue d'un résultat futur. Le processus de formation des valeurs est donc similaire à celui de la formation des significations, et, en réalité, c'est le même processus considéré du point de vue affectivo-moteur plutôt que sensori-moteur. L'inclusion des considérations de désirs et de valeur dans les interactions nous permet ainsi de compléter encore la théorie de l'expérience présentée auparavant. La fin-visée est désirée comme étant ce qu'il faut réaliser pour conduire l'activité à sa fin existentielle. Le désir n'est ainsi pas un état subjectif interne, mais un mode de comportement qui émerge lorsque les impulsions sont insuffisantes pour répondre au manque ou au trouble d'une situation donnée. Il présuppose une situation initiale marquée par un manque (ou un trouble) à l'origine de l'effort de l'organisme pour faire exister ce qui manque (ou faire perdurer ce qui est menacé), rendant désirable cette situation future. Le désir est cet effort même, et il se diffuse sur l'ensemble des actes subordonnés et coordonnés qui visent à réaliser la fin-en-vue : dans cette fonction d'intégration d'une pluralité d'actes dans une même direction, le désir est « intérêt », notamment lorsqu'un tel désir finit par former une disposition durable envers certains biens (TV, LW13, 202-208).

La valeur n'est pas attribuée seulement à la fin-visée, mais est distribuée sur l'ensemble du processus, à chacune des étapes suivies et sur la totalité des moyens employés, dans la mesure où ils sont en relation interne avec la fin désirée. Le désir est une disposition qui n'est donc pas seulement affective, mais cognitive, et il ne faut pas réduire le processus de valuation à l'opération de la simple impulsion, puisqu'il implique la perception de la relation de conditions à conséquences : la poule « désirerait » la naissance de ses poussins si elle pouvait faire le lien entre son comportement de couvée – jusqu'ici déclenchée instinctivement à la vue des œufs – et le résultat futur possible de l'éclosion : elle comprendrait alors la signification et la valeur de la couvée. Réciproquement, toute enquête cognitive, y compris l'enquête scientifique la plus abstraite, possède une dynamique affective, manifeste dans le désir de trouver la solution au problème et dans l'activité de sélection et de rejet vis-à-vis du matériau, des opérations et des idées en fonction de leur valeur relative pour réaliser la transformation désirée. L'idée de la solution possible, inférée de l'observation des faits et organisant les observations subséquentes, correspond ainsi à la fin-visée de l'activité d'enquête.

Une telle approche permet de disqualifier toutes les doctrines qui isolent les valeurs dans un domaine à part et séparé de la nature, que ce soit les conceptions métaphysiques qui en font des idéaux existant hors de l'expérience ou les conceptions positivistes qui en font la simple expression d'états mentaux affectifs internes (thèse dite « émotiviste »). Elle permet également à Dewey d'affirmer clairement un pluralisme des valeurs, dans la mesure où il existe autant de biens que de situations, sans qu'on puisse les totaliser dans un bien suprême ou une fin ultime. Il n'y a pas de bien absolu : le bien est toujours le bien de telle situation individuelle, dont il est la fin désirée. Cette histoire naturelle des valeurs doit néanmoins inclure le point de vue social, puisque les impulsions du nouveau-né sont rapidement canalisées en comportements habituels du groupe par le biais de la communication et de la participation aux activités associées, si bien que la formation des désirs et intérêts est déterminée culturellement. Les valeurs sont sociales, elles sont transmises dès le plus jeune âge par les comportements d'approbation et de désapprobation, de récompense et de punition, d'injonction et d'interdit des autres membres de sa communauté, qui façonnent ainsi les dispositions de l'enfant envers ce qui est intéressant et désirable, ce qu'il est bien de faire, et ce qui ne l'est pas. L'ensemble de ces manières socialement valorisées de se conduire constitue les mœurs d'une communauté, correspondant au stade ou au mode de la « moralité coutumière », caractérisé par le fait que l'individu accepte avec « relativement peu de réflexion critique les normes et manières d'agir de son groupe » (E2, LW7, 1932). Une telle moralité implique naturellement de la pensée et de la réflexion, mais pas encore de réflexion proprement morale selon Dewey, dans la mesure où le rapport aux valeurs reste immédiat (non réfléchi, agi plutôt que pensé). C'est en ce point que la théorie des valeurs se spécifie en philosophie morale (et, indissociablement, politique, compte tenu de ce point de vue social).

Une situation devient spécifiquement morale lorsqu'il se produit un conflit entre plusieurs biens. Tant qu'une fin est désirée pour elle-même, de manière intrinsèque à une situation, sans considération de sa relation à d'autres fins, ou lorsque deux fins particulières s'alignent harmonieusement en vue de la réalisation d'une fin plus large, la situation est « moralement indifférente » (E1, MW5, 191). La réflexion morale commence lorsqu'au sein d'une situation individuelle particulière certaines fins qui jusque-là étaient intrinsèquement désirées apparaissent incompatibles entre elles, entravant la dynamique du désir et empêchant l'action de suivre son cours pour réaliser la fin-visée. Par exemple, un patriote pacifiste se trouve dans une situation d'incertitude morale lorsque son pays entre en guerre. Plus communément, si le désir d'une promenade risque de faire arriver en retard à un rendez-vous, il y a conflit réel des biens. Les conflits moraux ne sont donc pas entre le bien et le mal comme une grande partie de la tradition religieuse ou philosophique le suppose. Lorsqu'un individu est tenté de faire quelque chose qu'il sait être mal, il n'y a pas d'incertitude réelle : c'est l'équivalent en matière morale du doute artificiel, du doute de papier, que critiquait Peirce en épistémologie, dans la mesure où l'individu sait déjà où se trouve le bien. Ces conflits ne se font pas non plus entre un vrai bien et un faux bien, qui seraient déterminables à l'avance d'après des propriétés intrinsèques, comme si l'objet de la réflexion consistait seulement à reconnaître ce qui existe déjà, car une telle conception présuppose que les biens soient identifiables indépendamment de la situation. Les deux biens, dans leur valeur intrinsèque de satisfaction d'un désir, sont tout aussi réels l'un que l'autre, et si aucune situation ne les mettait en conflit, jamais la question ne se poserait de savoir si l'un vaut mieux que l'autre. Ces conflits ne sont pas non plus entre un bien supérieur et un bien inférieur, comme si la hiérarchie des valeurs était également fixable *a priori* et pouvait valoir dans l'absolu. L'ordre des préférences est en effet variable et relatif aux conditions empiriques de la situation (les classifications dépendent des expérimentations). Si le choix est entre la possibilité d'aller dîner et celle d'aller au concert, le jugement de priorité ne sera pas indifférent au fait empirique que l'individu en question ait rarement l'occasion de manger ou bien au contraire rarement l'occasion d'écouter de la musique (DE, MW9, 248). Dans tous ces cas de pseudo-conflit moral, les valeurs sont censées être claires et évidentes, et la difficulté est seulement de convaincre les hommes ou de se convaincre soi-même d'agir conformément à ce qu'on sait déjà être le bien. Mais il n'y a pas encore de réflexion : nous ne sommes pas encore sortis de la morale coutumière. Par contraste, le but de la réflexion est précisément de *faire* la différence entre ces biens qui se valent tous de manière intrinsèque : le bien réel de la situation conflictuelle n'est pas antérieur à l'enquête morale compétente, il en

est le produit, c'est la fin-visée qui, après réflexion, fera
autorité sur la conduite de l'agent.

La réflexion morale commence ainsi lorsqu'un
individu soulève la question de la valeur d'un bien
qu'il désirait jusque-là de manière non interrogée (qu'il
« valuait » de manière immédiate), en examinant la
valeur relative de ce bien par rapport à d'autres biens
et d'autres fins actuels ou possibles. Le fait qu'un
objet soit désiré pose désormais problème et soulève
la question même de sa désirabilité : vaut-il vraiment
la peine, mérite-t-il vraiment d'être recherché ? Pour
faire sentir cette différence entre les biens immédiats,
dans leur valeur intrinsèque, et les biens comme
conclusions de la réflexion, dans leur valeur relative les
uns aux autres, Dewey joue d'un double vocabulaire :
*prize/apprize, esteem/estimate, valuation/evaluation,
satisfying/satisfactory*, etc., dans lequel le deuxième
terme implique des opérations intellectuelles spécifiques
(comparer, estimer, évaluer, juger). Mais on peut dire
que toute évaluation est en réalité une réévaluation, un
jugement porté sur la valeur de ce qui était « valué »
auparavant de manière immédiate, reconstruisant par
là même les fins orientant l'activité de l'individu.
Dewey peut alors renvoyer dos-à-dos les rationalistes
et les empiristes sur la question des valeurs (QC, LW4,
205 *sq.*). Les rationalistes posent une différence de nature
entre l'idéal et l'expérience, plaçant les valeurs morales,
bien distinguées des biens naturels, dans une réalité
à part nécessitant un type de connaissance spécial ; les
empiristes (Dewey vise particulièrement John Stuart Mill)
ne font pas de différence entre le désirable et le désiré, les
valeurs morales et les biens expériencés naturellement,

le normatif et le factuel, les valeurs se réduisant à ce qui fait l'objet d'une satisfaction immédiate (le plaisir). Pour Dewey, il y a bien une telle différence, mais elle n'est pas entre deux types de biens en principe hétérogènes, mais entre deux types d'expériences du bien : les expériences immédiates premières et les expériences réfléchies secondaires, où le désir et la consommation du bien le plus désirable sont les conclusions intellectuelles et existentielles d'une enquête. Les deux types de bien font partie de l'expérience, et ne trouvent leur sens et leur valeur qu'en fonction de leur place et fonction dans le développement temporel de la vie morale. Le second bien n'est pas plus réel que le premier, il est tout autant l'objet du désir et de l'intérêt, mais il a gagné en sûreté, en signification, et, finalement, en valeur. Corrélativement, l'autre bien qui était accepté et recherché comme une évidence au sein de la morale coutumière du groupe social, se voit critiqué et déprécié par l'individu.

Sur quoi se fondent de telles évaluations jugeant de la valeur réelle des biens apparents (pour et dans une situation donnée) ? Non pas sur un critère *a priori* et extérieur au processus d'évaluation lui-même, mais sur la manière dont il est conduit et qui permet de garantir l'assertibilité du jugement de valeur final. Il ne s'agit pas néanmoins d'un particularisme absolu. De même qu'une enquête cognitive s'appuie sur les conclusions disponibles des enquêtes passées, de même la ressemblance de certaines situations morales et le *continuum* des enquêtes morales ont fourni au cours de l'histoire un ensemble de valeurs générales (liberté, justice, individualité, culture, etc.) et de principes généraux (comme la règle d'or) qui servent d'instruments d'analyse et de suggestion pour

répondre aux incertitudes particulières présentes. Ce
sont moins des principes substantiels que des principes
méthodologiques, indiquant non pas ce qu'il faudrait
faire immédiatement, mais ce qu'il faut observer dans
une situation individuelle donnée, sous quelle perspective
comprendre telle action possible en réponse au conflit, et
quelles conséquences en attendre. Ce ne sont donc pas
des axiomes, mais des règles d'opération, et ils sont *a
priori* par fonction et non par nature. Ils sont par là non
des dogmes soustraits par nature à la réflexion morale
et qui la conditionneraient de manière absolue, mais
des hypothèses révisables au cours des enquêtes futures
en fonction de leur capacité, éprouvée dans l'usage, à
éclairer et améliorer nos expériences morales (*cf.* HNC,
MW14, chap. 20).

Une telle attitude expérimentale explique en quoi pour
Dewey la logique de la délibération morale est la même
que celle de l'enquête cognitive. D'abord, le conflit des
biens fait d'emblée percevoir de nouvelles relations et
de nouvelles conséquences qui avaient été ignorées, en
montrant que la poursuite d'un certain bien peut menacer
la réalisation d'un autre (l'abus de bonbons est nocif
à la santé, etc.). Ainsi chaque conflit moral – chaque
problème – est déjà en soi l'occasion d'un affinement de
la perception morale, permettant de situer un désir dans
un tissu de relations plus large, élargissant par là même
l'environnement moral d'un individu tout autant que sa
conscience morale. Ensuite, la délibération s'apparente
à un tribunal mental, une sorte de performance faite en
imagination (« *dramatic rehearsal* », E1, MW5, 292), où
les différentes fins-visées sont évaluées en fonction de
la désirabilité des conséquences qui en résulteraient si

elles étaient prises comme plans d'action effectifs. Mais en fait, l'identification de la délibération à un processus d'enquête tel que l'entend Dewey va plus loin : il ne s'agit pas de choisir, entre deux biens définis, celui qui aura finalement notre faveur, ce qui revient à la même attitude d'acceptation des valeurs qui a cours dans la moralité coutumière. La délibération selon Dewey est un processus au cours duquel les biens sont transformés, les plans d'action sont refaits, si bien que le choix ne porte pas sur des quantités fixes, mais n'est que l'aboutissement du processus de reconstruction des valeurs qui a lieu au cours de la délibération. En morale, la délibération ne porte jamais uniquement sur les moyens pour trouver ceux qui seraient les plus efficaces et économiques pour réaliser des fins préformées, mais à la fois et corrélativement sur les fins et les moyens. C'est l'une des grandes critiques qu'il adresse, par delà Aristote, à l'identification chez les utilitaristes de la délibération à un calcul, bien que les utilitaristes soient ceux qui ont fait le plus pour rendre les biens humains et faire de la morale un outil de réforme sociale plutôt que d'acceptation des valeurs établies (les autres critiques portent sur la psychologie atomiste, mentaliste et hédoniste sous-jacente à leur logique morale, *cf.* HNC, MW14, chap. 17-18). Cette critique dépend d'une thèse essentielle plus large, qui est celle de la non séparabilité des moyens et des fins de l'action.

La thèse de la continuité entre les moyens et les fins joue le même rôle dans la philosophie morale de Dewey que la thèse de l'inséparabilité de la connaissance et de l'action dans son épistémologie, et l'on retrouve les mêmes types d'argument en faveur de l'une et de l'autre. 1) La séparation des fins et des moyens est l'un des

dualismes fondateurs de la philosophie dans sa quête de
certitude, organiquement lié aux autres dualismes entre
théorie et pratique, esprit et matière, âme et corps, etc.
Les moyens ont depuis la métaphysique grecque été
dévalorisés comme relevant d'une sphère inférieure de
l'être, alors que les fins et valeurs sont des idéaux dont
la réalité est supérieure à celle de l'existence empirique.
Ce dualisme a été intériorisé, au sein des valeurs, pour
distinguer les valeurs seulement instrumentales, qui
servent de moyens pour obtenir des fins supérieures, et
les valeurs en soi, intrinsèques, qui ne peuvent servir de
moyens et qui permettent de fonder l'ensemble de la série
en en donnant la raison ultime (jusqu'au Bien suprême,
valeur des valeurs). La critique du pragmatisme de
Dewey repose souvent sur l'affirmation d'une supériorité
de la rationalité axiologique sur une rationalité purement
instrumentale, qui est exactement le type de division dont
Dewey a cherché à montrer l'invalidité, si bien qu'il faut
faire attention à ne pas comprendre son instrumentalisme
à partir des anciennes manières de penser les instruments.
2) La thèse de la séparabilité est l'expression idéologique
d'une organisation sociale pré-démocratique où certaines
classes posent les fins, imposent les valeurs légitimes
et jouissent des biens sans avoir à les produire, quand
d'autres sont chargées de les faire matériellement advenir
dans l'existence sans pouvoir participer à la constitution
de ces fins ni à la jouissance de ces biens. La réduction
d'individus à de purs moyens, différant par nature de
ceux qui connaissent les fins, est même très exactement
la définition de l'esclavage, institution solidaire de la
métaphysique grecque. Même dans l'organisation du
travail contemporaine, Dewey critique toute division

qui reviendrait à une séparation des étapes et fonctions telle qu'elles deviendraient extérieures les unes autres, empêchant les travailleurs de jouir des résultats du travail accompli. Une telle critique n'est pas moralisante ni même étroitement économique : elle objecte à la séparation de la production et de la consommation pour des raisons liées aux conditions mêmes de l'activité vitale, et, *a fortiori*, intelligente. Lorsqu'est rompue la continuité vitale d'une activité qui trouve son accomplissement consommatoire dans une fin (*end*), une telle fin est réduite pour ceux qui sont chargés de la faire advenir à un simple résultat extérieur (*outcome*), et l'ensemble du processus est mécanisé, devenant « labeur », « corvée », et non plus travail authentique (HNC, MW14, 185-187). 3) Ce dualisme a des conséquences pratiques dommageables pour l'action morale, puisqu'une telle position conduit soit au sentimentalisme (qui n'a pas de mains) soit au fanatisme (qui a les mains sales). Est sentimentaliste celui qui pose un idéal si étranger aux conditions concrètes de sa réalisation dans l'expérience qu'une telle réalisation est impossible en droit, et que tous les efforts de l'humanité pour améliorer l'expérience en ce sens sont condamnés par avance. Une telle attitude est non seulement une duperie de soi, dans la mesure où professer la valeur d'une fin et se désinvestir des moyens manifestent l'absence de désir et d'intérêt réels pour la fin ; mais elle est également irresponsable car elle conduit à négliger les potentialités de l'expérience et à laisser les maux empiriques en l'état au nom d'un bien idéal sans commune mesure. La séparation dans nos sociétés d'une vie spirituelle, recherchée dans l'esthétique ou la religion, dans la vie « intérieure », et d'une vie économique réputée purement matérielle, est un symptôme de ce dualisme dommageable aussi bien pour la morale, qui se coupe de ses conditions objectives, que pour l'économie, que l'on coupe de sa signification humaine (RP, MW12, 178). Est fanatique celui qui accorde une valeur absolue à une certaine fin, de telle sorte que les moyens, en comparaison, n'ont qu'une valeur relative, voire aucune valeur (ils sont indifférents). Tous les moyens sont alors bons pour forcer sa réalisation coûte que coûte, y compris les pires, puisque le « pire », terme purement relatif, ne concerne que la comparaison des moyens entre eux, quand la fin est non seulement soustraite à toute comparaison mais désengagée de l'évaluation des moyens (RP, MW12, 120).

Les derniers arguments portent plus précisément sur la logique de la délibération, et font directement écho à l'analyse fonctionnelle du schème de l'enquête cognitive entendu comme un véritable circuit intellectuel et non un arc linéaire. Ils reviennent à défendre l'idée qu'une activité n'est pas un produit composite issu de la combinaison d'une fin indépendante avec des moyens indépendants. Une activité se développe de manière continue, et la distinction des « fins » et des « moyens » est une distinction entre phases et fonctions de l'activité qui se déplace tout au long de son effectuation (ils ne désignent pas des propriétés que certains actes ou objets posséderaient par nature).

4) « La "fin" n'est que la série des actes vue d'une étape plus éloignée, et les moyens ne sont que la série vue d'une étape plus proche (…) La "fin" n'est que le dernier acte auquel penser, les moyens ne sont que les actes à accomplir auparavant. Pour *atteindre* la fin, notre esprit

doit s'en détacher pour prêter attention au prochain acte qu'il faut accomplir, dont nous devons faire notre fin (…) Moyens et fins sont deux noms désignant la même réalité. Ces termes correspondent non à une division dans la réalité, mais à une distinction dans le jugement » (HNC, MW14, 27-28). Pour reprendre l'exemple d'Anscombe, lorsqu'un homme pompe de l'eau empoisonnée dans la citerne d'une maison pour éliminer les chefs du parti Nazi qui s'y sont réunis, son activité peut être prise soit « collectivement », du point de vue de la fin-en-vue, soit « distributivement », du point de vue de la série des actes qu'il accomplit (*ibid*). Éliminer les Nazis n'est rien autre que pomper l'eau, acte le plus proche, et pomper l'eau n'est rien d'autre qu'éliminer les Nazis, selon une perspective plus « étendu[e] et élargi[e] » (*ibid*). L'acte le plus proche, à faire tout de suite, est ainsi une fin-en-vue qu'il faut réaliser lorsqu'on concentre notre attention sur lui, et un moyen pour une fin-en-vue plus large lorsqu'on le considère du point de vue de la continuité temporelle de l'activité et du contexte relationnel plus vaste dans lequel il s'insère. Réciproquement, la phase la plus lointaine de l'élimination est bien finale, c'est une fin au regard de la série des actes qu'elle avale ou récapitule et qui lui servent de moyens de réalisation ; mais si l'on concentre son attention sur elle et si les actes en cours sont vus depuis cette fin, elle devient un moyen pour orienter la série de ces actes et contrôler au présent le processus en train de se faire.

5) Cette distinction purement fonctionnelle et non ontologique entre moyens et fins qui se contrôlent mutuellement aboutit à l'idée plus radicale d'une co-constitution des moyens et des fins, qui montre qu'on

ne délibère pas sur les moyens sans délibérer en même
temps sur les fins, les deux se déterminant de manière
réciproque au cours de la délibération. En premier lieu,
de même qu'il ne faut pas appeler « fin » ce qui n'est
qu'un résultat extérieur au processus, il ne convient pas
d'appeler « moyen » ce qui n'est « qu'un antécédent
extérieur et accidentel de l'apparition de quelque chose
d'autre », nécessité par les circonstances et dont on
pourrait se passer si l'on pouvait réaliser autrement la fin
désirée (EN, LW1, 274). Les moyens sont pour Dewey
des constituants internes de l'activité. Une œuvre d'art
nous donne une idée plus juste que le travail servile de
la relation de nécessité interne des moyens employés vis-
à-vis de l'objet final réalisé (*cf.* AE, LW10, 201). Ainsi,
lorsqu'une personne entend construire une maison, les
matériaux, outils et opérations, de simples conditions
extérieures, sont institués en moyens par leur intégration
dans l'activité de réaliser la fin-en-vue : c'est la fin-en-vue
qui opère la sélection et la coordination des matériaux,
outils et opérations pertinentes en leur conférant leur
signification au regard des conséquences possibles qu'ils
sont alors chargés de réaliser. « Les briques, les pierres,
le bois et le mortier sont des moyens seulement en tant
que la fin-en-vue s'incarne actuellement en eux, en les
formant. Ils *sont* à la lettre la fin dans sa phase présente
de réalisation » (EN, LW1, 280). En second lieu, nos
fins sont vagues et ne se déterminent que par et dans
l'enquête sur les moyens de les réaliser. Nous ne savons
pas vraiment ce que nous désirons tant que nous désirons
une chose en général, indépendamment des conditions
concrètes, ici et maintenant, de sa réalisation. Supposons
que je souhaite prendre un café. Vais-je le prendre dans

le bar du coin ou bien vais-je retourner dans mon café familier ? Dans le quartier où je me trouve, je me rends compte que prendre un café, cela veut dire en réalité prendre un café à dix euros. La question se pose alors de savoir si je désire vraiment un café à dix euros, c'est-à-dire si le désir de prendre un café a plus de valeur relative que l'attention au coût des choses. La réalisation d'une telle fin aurait ici des conséquences que je n'avais pas anticipées et qui sont susceptibles de remettre en question la désirabilité de cette fin, d'en modifier la valeur. Je ne savais pas en fait ce que je voulais, et l'enquête sur les moyens a permis de mieux identifier ce à quoi j'attache réellement de la valeur. On voit par là qu'en délibérant sur les meilleurs moyens de réaliser une fin donnée, je ne calcule pas la manière la plus économique et efficace d'atteindre une fin fixe, mais que la valeur de la fin, dans sa comparaison à d'autres fins, entre dans la délibération. C'est ainsi l'attention aux moyens et à leurs conséquences qui détermine la fin réelle de mon action, et celle-ci n'est pas une condition antécédente mais un résultat du processus de délibération. Mieux : c'est cette délibération sur les moyens qui fait que la fin-en-vue acquiert une nouvelle qualité, et, de naturelle, devient morale. Il n'y a ainsi pas de fin en soi, seulement des fins-en-vue dont la valeur dépend de la valeur morale des moyens employés pour les réaliser : ce sont les moyens, pourrait-on dire, qui justifient la fin (TV, LW13, 226-236).

Puisque les délibérations sont susceptibles de reconfigurer nos désirs et intérêts, de reconstruire nos fins et nos valeurs, et ainsi de transformer nos dispositions acquises et nos habitudes d'agir, Dewey en conclut que l'objet d'une délibération est en réalité toujours de savoir quel type de personne on sera. Contrairement à un calcul impersonnel qui porte sur un résultat à obtenir, la délibération est morale parce que le moi lui-même entre dans le processus et est susceptible d'être transformé, et, peut-être, de croître (E2, LW7, 274). Encore faut-il qu'une telle moralité réfléchie soit possible et même encouragée par les conditions sociales de la délibération. Le moi ne peut se transformer et se réinventer, les valeurs elles-mêmes ne peuvent être critiquées, réévaluées ou changées que si la société est organisée de manière non seulement à tolérer mais encore à encourager une telle réflexion et une telle transformation plutôt qu'à préserver et perpétuer les valeurs établies. Le progrès moral, parce qu'il dépend de la reconstruction de valeurs qui sont indissolublement sociales, ne peut lui-même être réalisé que par le moyen d'une société progressive.

La démocratie comme idéal et comme méthode

Le principal objectif de la philosophie sociale et politique de Dewey est de « rendre manifeste la parenté intrinsèque de la démocratie avec les méthodes de direction du changement qui ont révolutionné la science » (LW15, 274). Démocratie et science ne sont pas accidentellement apparues en même temps à l'époque moderne : si on les conçoit bien, ce sont deux noms pour une seule et même réalité. Mais il y a deux grandes manières de comprendre cette parenté. La première, formelle et qui part d'une certaine idée de la science, consiste à identifier la démocratie à une certaine *méthode*, destinée à régler les conflits qui apparaissent entre les groupes sociaux, et prenant pour modèle la méthode d'enquête des sciences physiques expérimentales. La seconde, matérielle et qui part d'une certaine idée de la communauté, consiste à identifier la démocratie à un certain *mode de vie* social et personnel, et montre comment ce mode de vie ne peut développer pleinement ses potentialités que par et dans un processus continu de coopération et d'expérimentation sociales qui puisse donner direction aux changements qu'elle subit (*cf.* E2, LW7, 343). Les deux définitions, de la démocratie comme introduction de la méthode scientifique dans les questions sociales et politiques et de la démocratie comme idéal moral de la bonne communauté, se rejoignent positivement dans l'idée d'attitude expérimentale qui est plus large que celle de méthode scientifique mais plus précise que celle de mode de vie coopératif; et, négativement, dans le fait de rendre secondaire et dérivée la définition politique de la démocratie en termes de mode de gouvernement ou de régime institutionnel.

Une organisation politique, mais en réalité toute institution, verra sa valeur démocratique jugée à la manière dont elle favorise l'usage d'une telle méthode de penser et encourage le développement d'un tel mode de vie. Un État qui limite la liberté de penser et d'enquêter (y compris sur lui-même), des industries et des groupes de pression qui empêchent ou détournent la communication des résultats de l'enquête à des fins de propagande commerciale, des média qui paralysent la formation d'hypothèses générales en fixant l'attention sur des faits toujours divers et éparpillés donnés sous forme de « nouvelles » sensationnelles, des écoles qui dévalorisent l'enseignement des sciences en les réduisant à un ensemble de résultats à apprendre ou qui dévalorisent l'intelligence en la subordonnant à un travail technique, des partis politiques qui s'accrochent à des principes de lecture du monde social qui étaient émancipateurs par le passé mais qui sont devenus de nouvelles sources de souffrance sociale dans les conditions actuelles – toutes ces institutions sont anti-démocratiques dans la mesure où elles entravent le plein déploiement de la méthode scientifique dans l'intelligence des phénomènes sociaux. Mais un groupe social dominant qui étouffe voire réprime l'expression de nouveaux besoins et la reconnaissance de nouvelles valeurs de la part de certains autres membres de la société, une religion qui frappe d'anathème certaines expériences personnelles et sociales au nom d'une loi sacrée, une idéologie qui invoque un fondement immuable pour justifier la nécessité d'un ordre social (comme une division par capacités, par races ou par sexes, comme des lois économiques « naturelles » ou encore des lois de développement nécessaire de l'histoire), une organisation spatiale du territoire qui empêche les rencontres et la communication des expériences, une famille ou un milieu social qui inculque la peur du changement et les vertus de l'isolement – toutes ces forces sont anti-démocratiques dans la mesure où elles imposent des limites, au mieux relatives et au pire absolues, à la manière qu'une communauté sociale peut avoir de se reconstruire par la coopération et l'expérimentation de nouvelles manières de vivre.

Tenir les deux aspects ensemble, c'est également corriger les malentendus que chacun d'eux pourrait susciter isolément. Lorsque Dewey dit que la démocratie exige « l'invention et l'utilisation de formes d'ingénierie sociale » (LW15, 260) qui soient à la science sociale ce que la technologie des énergies naturelles est à la science physique, permettant d'employer systématiquement « les procédures scientifiques pour le contrôle des relations humaines » (LW6, 62), on a tôt fait d'y voir un scientisme forcené réduisant les relations humaines à des interactions entre corps matériels qu'un scientifique-roi manipulerait pour faire le bien des gens à leur insu – d'une manière bien sûr tout à fait contraire au naturalisme deweyen. Lorsqu'il soutient par ailleurs que la démocratie est la croyance en la capacité de l'expérience humaine à « s'enrichir » dans « la libre interaction des individus » en dehors de toute « forme de contrôle extérieur » (LW14, 229), il est tentant de voir dans sa pensée un anarchisme sans principe ni méthode, une apologie de l'impulsion et de la libre spontanéité sociale ou une glorification du libre échange des expériences dans un laissez-faire généralisé – autre contresens que Dewey, partisan de la planification et du contrôle social, n'aura de cesse de réfuter notamment en matière d'éducation. Le rapport de la science au sens commun s'applique pour les questions humaines comme pour les questions physiques : la science sociale doit partir de l'expérience sociale des individus qui lui fournit ses problèmes et doit y revenir pour leur fournir les moyens de la contrôler dans une direction jugée désirable. Pour qu'une telle mise en phase soit féconde, il faut, de la part des individus, une plus grande habituation à l'esprit scientifique et, de la part des scientifiques, un plus grand art de la communication.

Commençons par la démocratie comme « idée » ou « idéal » substantiel, que Dewey résume ainsi : « considérée comme une idée, la démocratie n'est pas un principe de la vie associée parmi d'autres, c'est l'idée de la vie en communauté elle-même » (PP, LW2, 328).

Cette idée se comprend en en clarifiant les deux aspects, social et moral. La défense d'un sens large et social de la démocratie, au-delà de son sens étroit et politique, est une conséquence de sa philosophie de l'expérience dans son aspect social : « une démocratie est plus qu'une forme de gouvernement ; c'est avant tout un mode de vie associée, un mode d'expérience conjointe et communiquée » (DE, MW9, 93). La démocratie n'est ainsi pas réservée à l'organisation de l'État, mais doit pénétrer l'ensemble des associations qui composent une société. La famille, l'école, l'entreprise, les communautés scientifiques, artistiques ou religieuses, etc., sont les lieux primaires de la démocratie, sans lesquels l'État ne sera jamais pleinement démocratique. Cette priorité de la démocratie sociale ou associative sur la démocratie politique renvoie à la genèse naturelle du politique à partir du social que Dewey déploie pour montrer le caractère dérivé et instrumental de l'État, contre toute philosophie politique qui en ferait le couronnement et la fin en soi de la vie associée (Aristote, Hegel). Pour Dewey, qui entend sur ce point renouveler la tradition libérale et pluraliste en prenant un point de vue véritablement génétique et fonctionnel, une organisation politique n'apparaît que sous certaines conditions de la vie sociale, qui lui confèrent une fonction spécifique, malgré la grande diversité de ses structures apparentes. Cette fonction consiste à fournir les moyens de contrôler les conséquences qu'une activité associée a non pas seulement sur ceux qui participent à l'action conjointe (conséquences dites « directes » ou « privées »), mais sur les activités de ceux qui n'y prennent pas part (conséquences « indirectes » ou « publiques »). L'État est une forme d'association secondaire, dont les individus appartenant à des associations primaires se dotent pour résoudre certains problèmes qui ne peuvent être résolus au seul niveau des associations primaires puisque ces problèmes débordent le périmètre de chaque association. Il en ressort que la vie sociale est pré-politique, et que l'importance de l'Etat est dans la différence pratique qu'il fait dans la redirection et le contrôle des activités sociales lorsque celles-ci sont entravées par un conflit avec d'autres activités, mais non dans leur production. Son degré d'intervention ne doit d'ailleurs pas être fixé, ni limité, *a priori*, mais doit varier en fonction du nombre et du type de conséquences indirectes observables à un moment donné (PP, LW2, chap. 1-2). Tout État contrôle donc les aspects publics des interactions entre individus, mais un État est d'autant plus démocratique qu'au lieu d'isoler les groupes sociaux pour éviter les frottements, il est spécialement organisé pour être un « moyen de promouvoir les *associations*, de multiplier les points réels de contact entre personnes, de conduire leurs relations de la manière la plus féconde » (RP, MW12, 198). En effet, chaque association est constituée autour de fins communes, et le test de leurs valeurs réside dans le fait de savoir si ces biens sont réalisés au détriment des fins des autres associations, ou si au contraire ils peuvent être démocratisés, c'est-à-dire communiqués et partagés plus largement et rendus par là communs à un plus grand nombre d'individus (s'ils échouent à ce test, ils seront jugés indésirables comme biens publics). Si la démocratie politique est le moyen d'étendre et d'approfondir la démocratie sociale, il reste que la démocratie sociale elle-même suppose que le bien d'un groupe social soit déjà communiqué et partagé par l'ensemble de ses membres. C'est en ce point que le primat du point de vue social prend un aspect moral.

Car la démocratie selon Dewey est d'abord une valeur, et non pas une réalité politique ou même sociale déjà existante et encore moins achevée. C'est une fin-en-vue de l'action aussi bien politique qu'associative, et qui a un statut particulier au sein des valeurs : c'est un « idéal ». Un idéal est le produit d'une opération d'idéalisation de certains biens déjà expériencés, qui dépasse tout fait observable et que Dewey attribue par conséquent à l'imagination. Celle-ci prend cependant appui sur l'observation des faits et elle pousse à la limite la part existante de bien tout en supprimant en pensée les obstacles, limitations et distorsions actuels qui en entravent la pleine consommation. Conformément à l'analyse des valeurs, un tel idéal sert à la fois d'instrument de critique de l'existant, dont on s'aperçoit par contraste qu'il possède des aspects indésirables, et de fin-en-vue permettant de guider l'action visant à transformer la réalité existante et à l'améliorer (l'idéaliser de manière pratique). Un tel idéalisme pratique consiste à maintenir, contre le positivisme, la valeur de l'idéal pour orienter l'action sur les réalités existantes, tout en refusant, contre l'idéalisme métaphysique, d'en faire une réalité dotée d'une existence supérieure (FC, LW9, 33). Nous retrouvons ainsi les deux fronts sur lesquels il a élaboré sa théorie des valeurs : d'une part, un idéal doit dériver des faits actuels observables sinon il perdrait toute valeur opératoire, mais d'autre part il ne doit pas se contenter d'enregistrer et de répéter l'existant, mais sélectionner, extraire et maximiser les traits désirables pour marquer une différence entre ce qui existe et ce qui devrait être, afin de procurer direction et critique (MW15, 231).

La démocratie comme idéal est ainsi obtenue à partir de l'idéalisation de l'expérience humaine dans son aspect social : l'idéal démocratique comme norme de jugement et d'action sur les institutions et associations existantes n'est pas imposé de l'extérieur, mais est issu du développement des possibilités mêmes de l'expérience sociale poussée à sa limite (il représente la différence maximale, mais longitudinale et temporelle, entre le réel existant et le futur possible). Tous les groupes sociaux, y compris le gang criminel, partagent certaines caractéristiques constitutives de la vie associée humaine, fondée comme on l'a vu sur la participation et la communication : « dans tout groupe social [...], nous trouvons un intérêt en commun comme un certain degré d'interaction et d'échange coopératif avec d'autres groupes. De ces deux caractéristiques nous dérivons notre critère. Quel est le nombre et la variété des intérêts qui sont consciemment partagés ? Dans quelle mesure les échanges avec les autres formes d'association sont-ils libres et riches ? » (DE, MW9, 92 ; *cf.* aussi PP, LW2, 327-328). Le critère est donc double, et même quadruple. Sous son aspect interne, le critère concilie la variété des intérêts individuels avec l'unité du bien commun, permettant de dépasser l'opposition entre individualisme et collectivisme (E1, MW5, 431-433). Du point de vue de sa structure interne, la communauté idéale permettrait de développer les capacités propres de chaque individu, mais ce développement même rendrait chacun d'autant plus apte à prendre part à la formation des fins et biens communs. La conjonction de ces deux points de vue individuel et collectif est la condition du progrès moral et social : d'un côté, l'individu ne peut se développer qu'en fonction de ses interactions avec les autres qui le stimulent et dont il intègre les points de vue (pas d'atomisme; rôle des habitudes); de l'autre un tout social ne peut progresser que par et dans la variété des initiatives individuelles qui apportent du changement et obligent à reconstruire les fins et valeurs communes (pas de sacrifice des individus au bien commun; rôle des impulsions). Une bonne communauté est donc une totalité dynamique et diversifiée : une unité non monotone, une variété non atomisée. Le point de vue externe, quant à lui, énonce le même critère dans les rapports du groupe social avec les autres groupes : le bien privé d'un groupe social est mauvais publiquement s'il conduit le groupe à s'isoler des autres groupes sociaux (ou à les dominer), ce qui a pour conséquence à la fois de rendre le tout social statique en l'immunisant contre les rencontres, les échanges et les changements, et de compartimenter les intérêts divers de chaque individu, puisque chacun appartient de fait à plusieurs groupes. La véritable « grande communauté » (la communauté des communautés) serait celle où « la conduite d'un bon citoyen comme membre d'un groupe politique se voit enrichie par sa participation à la vie de famille, à l'industrie, à des associations scientifiques et artistiques, et les enrichit à son tour » (PP, LW2, 328). Il faut noter qu'il n'y a pas un bien absolument commun à toutes les communautés qui subsumerait les biens locaux (comme si les biens de la vie de famille étaient fusionnables avec les biens de l'activité économique dans un tout supérieur aux communautés), mais que les libres interactions entre les différents groupes sociaux enrichissent *leurs* biens, les biens propres à leurs activités particulières. Il faut ainsi juger un licenciement non pas seulement du point de vue des conséquences sur l'activité économique d'un individu mais en « prenant en considération tout le système de ses capacités et activités » (E1, MW5, 432), par exemple sur la manière dont sa vie de famille est affectée, son activité culturelle, sa capacité à la participation politique, etc.

Un telle communauté idéale, selon ce double aspect interne et externe, est pour Dewey ce qui donne sens à l'idée même de démocratie : participer à l'élaboration et à la réalisation des fins communes qui gouvernent les conduites de chacun dans la mesure de ses capacités distinctives, c'est construire un bien commun de manière démocratique. Ceux qui veulent faire le bien des autres sans leur participation active dans la détermination et la mise en œuvre de ce bien se trompent deux fois : le prétendu bien commun imposé de cette manière tout extérieure ne sera « pas un bien, parce qu'il sera au détriment de la croissance active de ceux auxquels on vient en aide [pas de libération des capacités individuelles], et pas commun parce qu'ils n'auront eu aucune part dans la production du résultat [pas de partage des valeurs communes] » (E2, LW7, 347).

C'est sur cette question des meilleurs moyens pour réaliser le bien commun que nous retrouvons la caractérisation de la démocratie comme méthode et non seulement comme fin idéale. Dewey soutient que la démocratie, jusqu'à présent (il parle surtout à partir du cas américain), a été le produit des circonstances, notamment de la révolution scientifique et technologique qui a augmenté les échanges, les moyens de communication et le brassage des populations, ce qui a pu laisser croire que sa course était toute tracée, le long des rails du chemin de fer et des fils télégraphiques. La crise actuelle de la démocratie (l'« éclipse du public », PP, LW2, chap. 4) est précisément due selon lui au fait qu'aucun effort méthodique n'a jamais été fait pour réaliser la société démocratique, parce qu'une telle réalisation, d'un point de vue historique, a été poussée dans le dos par le progrès scientifique et technologique au lieu d'être tirée en avant par la claire conscience de l'idéal démocratique (celle-ci étant d'ailleurs obscurcie par les philosophies individualistes et libérales anciennes qui accompagnaient le mouvement sans le contrôler). Critiquer les maux tout à fait réels de la démocratie actuelle ne signifie donc pas, aux yeux de Dewey, qu'il faille critiquer l'idéal démocratique en cherchant à limiter par exemple la participation des individus à la formation des fins et des valeurs communes, mais au contraire qu'il faut critiquer le manque de réalisation de cet idéal, qui reste une tâche encore à accomplir. La critique que Dewey fait à l'encontre des formes actuelles de la démocratie est « radicale » (LW11, 299) non parce qu'elle viserait à renverser le gouvernement, mais parce qu'elle se fait au nom de l'idée même de démocratie, une idée qui n'a jamais été prise consciemment et explicitement comme fin-en-vue, ce qui exigerait par là même une mise en œuvre ordonnée et systématique.

Et si la fin-en-vue est la démocratie, alors les moyens pour la réaliser ne peuvent pas être extérieurs à cette fin, ils doivent être des moyens internes et constitutifs au sens fort que Dewey donne à ce concept : « les fins démocratiques réclament des méthodes démocratiques pour leur réalisation » (LW14, 467) ; « le principe fonda-mental de la démocratie est que les fins de la liberté et de l'individualité pour tous ne peuvent être atteintes que par des moyens en accord avec ces fins » (LW11, 298). De tels moyens ne sauraient donc être de simples échafaudages, aides auxiliaires qu'on retirerait après avoir construit le bien commun, mais ce sont « les briques, les pierres, le bois et le mortier » qui entrent dans la construction et sont cette construction même, à un stade antérieur de sa réalisation. Les moyens pour réaliser consciemment l'idéal démocratique à venir sont donc ceux qui le réalisent déjà au présent, ici et maintenant, dans le type d'interactions sociales promues, au sein de chaque groupe et entre groupes : ces interactions doivent incarner ou exemplifier en elles-mêmes les caractéristiques de la communauté idéale. C'est de ce point de vue que Dewey critique le communisme, car « alors que l'URSS proclame comme sa fin la liberté totale de l'individu, les moyens utilisés violent la liberté de penser, de parler, la liberté de presse et de mouvement les plus élémentaires » (LW11, 332). Tout mouvement politique qui pense utiliser l'oppression, la coercition ou la restriction des libertés individuelles, comme moyen provisoire et mal nécessaire pour réaliser le bien commun finira dans l'oppression et la coercition comme la conséquence réelle des moyens utilisés. Trotski lui-même, dans la mesure où il fait de la dictature du prolétariat le moyen unique et nécessaire – déduisant ce moyen de prétendues lois du développement historique, la lutte des classes, au lieu de le déduire de la fin poursuivie – faillit à ce principe de l'interdépendance des moyens et des fins malgré ses prétentions au contraire (*cf.* LW13, 349-354). On comprend donc qu'à toute méthode violente (y compris symbolique comme la dépréciation de ses interlocuteurs), Dewey oppose comme « méthode de la démocratie » (LSA, LW11, 56) la libre discussion publique, permettant la communication et la négociation des intérêts au grand jour, et qui consiste à sortir les conflits sociaux du climat de violence où ils arrivent pour les placer dans un milieu de coopération amicale « où chaque partie apprend en donnant à l'autre la chance de s'exprimer elle-même », où chacun voit en l'autre quelqu'un dont il peut apprendre (LW14, 228). Une telle méthode incarne les valeurs mêmes de la démocratie en les déterminant concrètement : vouloir la démocratie, c'est d'abord vouloir la liberté comme liberté de la *communication*, l'égalité comme possibilité égale pour tous à la *participation*, la fraternité comme capacité à la *coopération* pour une fin commune (LW14, 275-277 ; *cf.* aussi PP, LW2, 329). Et la conduite même de la discussion pour régler les conflits forme déjà une action commune qui esquisse la communauté recherchée, dans la formation d'un intérêt commun à résoudre le conflit qui soit plus inclusif que les intérêts propres à chaque partie.

Mais la thèse de Dewey est plus forte qu'un simple appel à la table des négociations. Ce n'est pas n'importe quel type de communication, de participation ou de coopération qui constitue à ses yeux la méthode intrinsèque de la démocratie, mais celui qui a lieu au cours de l'enquête comme « méthode de l'intelligence en action » (LSA, LW11, 51, 56 ; LW15, 273). La méthode de la démocratie, *c'est* la méthode expérimentale (E2, LW7, 329). Cela veut d'abord dire que la discussion doit être une véritable délibération, au sens où le but n'est pas d'aboutir à un consensus mais à une transformation des intérêts en présence, dans la construction d'un intérêt commun qui n'a pas encore été identifié et qui doit être produit par et dans la discussion – chose qui n'est possible en effet que si les interlocuteurs adoptent l'attitude de coopération amicale qui permettrait de modifier leur propre position par la prise en considération du point de vue des autres. Cela veut également et surtout dire que la méthode de résolution du conflit se fonde sur l'observation des faits particuliers pour instituer des problèmes spécifiques (au lieu de faire se combattre des concepts abstraits) comme sur la mise à l'épreuve d'hypothèses expérimentales (au lieu de fonder l'action sociale sur des principes et des valeurs *a priori*). La méthode expérimentale est la méthode démocratique par excellence parce qu'elle est anti-autoritaire : faire appel pour résoudre la totalité des conflits sociaux présents et à venir à une volonté divine, à l'autorité intrinsèque d'un dirigeant, à la conscience morale, à des lois sociales « naturelles », mais aussi à la tradition et aux conventions, à la sagesse des anciens, aux cas précédents, mais encore à des principes intangibles gravés dans une Constitution, à la loi de la majorité, au consensus du groupe, c'est faire en chaque cas appel à une méthode autoritaire qui proscrit la nécessité d'une enquête sur la situation problématique. Dans une enquête scientifique, il n'y a pas d'autre autorité que la méthode elle-même qui est suivie, le résultat ne valant que par sa fonction conclusive et sa fonction prospective dans les enquêtes futures. Une enquête met tous les enquêteurs à égalité, personne n'ayant plus d'autorité qu'un autre pour imposer son point de vue, que ce soit par son statut social, son genre, sa race, etc. Il n'est donc pas question pour Dewey de transférer et d'appliquer purement et simplement la méthode scientifique à la résolution des problèmes sociaux, ce qui rendrait la méthode encore trop extérieure vis-à-vis de sa fin, mais de comprendre qu'une telle méthode est déjà une forme de réalisation de la fin elle-même, parce qu'elle est déjà, en réalité, le bien commun de l'humanité, sa plus précieuse découverte. Ce bien, ce n'est rien d'autre que l'intelligence fondée sur la coopération et l'expérimentation. C'est ce bien qu'il convient d'étendre au-delà des questions physiques et de partager au-delà des cercles scientifiques, pour que chacun puisse prendre part, à sa manière distinctive, à l'intelligence sociale. C'est ce bien aussi qu'il convient de transmettre aux générations futures.

L'identité des deux aspects, matériel et formel, substantiel et procédural, de la démocratie fait que la procédure est plus qu'une procédure, c'est déjà le bien substantiel lui-même en voie de réalisation ; et ce bien substantiel de la communauté est moins qu'une substance, spécifiée par l'appartenance à une culture, à ses traditions et ses valeurs, sa religion, sa langue, etc., qu'il faudrait sauvegarder à tout prix : c'est une méthode commune et communicable, permettant de changer les traditions, les cultures, les valeurs et les institutions.

La croissance comme fin et l'école comme moyen

L'éducation ne figure pas comme un intérêt spécial dans la philosophie de Dewey, constituant l'un de ses champs particuliers à côté de la connaissance ou de la politique : c'est l'ensemble de sa philosophie qui ne peut se comprendre si on ne la rapporte pas dans tous ses champs et sous tous ses aspects à l'éducation. Il a même défini la philosophie comme « la théorie générale de l'éducation » (DE, MW9, 338) – et il aurait pu ajouter que l'éducation est la pratique concrète de la philosophie. Éducation et philosophie forment un circuit inséparable où chacune détermine et constitue l'autre.

Si l'on part du sens étroit ou « formel » d'éducation, sens institutionnel synonyme de scolarité, alors l'éducation est le moyen de réalisation de la philosophie. De la philosophie à l'école, le mouvement est d'abord celui d'une mise en pratique qui est en même temps une mise à l'épreuve : l'école est le grand laboratoire de la philosophie. C'est lorsqu'on pose les questions philosophiques comme des questions d'éducation, en se demandant quel type de croyance et de valeur nous voulons transmettre aux enfants, que ces questions techniques et abstraites trouvent leur signification et leur valeur humaines et concrètes (DE, MW9, 339). C'est en effet dans l'organisation des filières, des programmes et des méthodes scolaires qu'on voit les conceptions théoriques faire des différences pratiques manifestes dans l'expérience des êtres humains. La partie critique de la pensée éducative de Dewey consiste ainsi à montrer comment les différents dualismes théoriques, qui posent de vastes questions philosophiques, informent des pratiques scolaires très spécifiques, qui inscrivent et reproduisent ces manières dualistes de penser dans l'esprit des jeunes générations. Le dualisme de la théorie et de la pratique conduit à la division entre une éducation libérale censée cultiver l'esprit de quelques privilégiés et une éducation professionnelle pour apprendre aux masses un métier socialement utile. Le dualisme de la raison et de l'expérience conduit soit à une éducation verbale et formelle coupée des choses de la vie soit à une éducation où les choses sont censées enseigner leur leçon directement sans la participation active de l'intelligence. Le dualisme entre la nature et l'homme conduit à la séparation des filières scientifiques et des filières littéraires. Le dualisme entre l'individu et la société conduit à la juxtaposition des élèves dans la classe, chacun devant apprendre la même leçon dans une relation binaire et verticale avec l'enseignant sans coopération entre eux. Le dualisme entre l'intérêt et l'effort, le désir et la norme, à l'opposition entre une éducation libertaire, centrée sur l'enfant, et une éducation autoritaire, centrée sur le savoir, etc. Les échecs de ces éducations doivent être considérés comme des réfutations des philosophies correspondantes, non pas que ces manières d'enseigner conduiraient à un faible taux de réussite ou d'insertion, mais parce qu'elles ne sont tout simplement pas possibles à mettre en œuvre pratiquement : il n'est pas possible de faire apprendre sans intérêt ni effort, sans faire appel à la fois à l'expérience et à la raison, sans faire communiquer les élèves entre eux, etc. Le simple fait, observable dans une situation d'enseignement, que tout apprentissage nécessite une coordination de l'expérience et de la raison devrait suffire à réfuter l'empirisme comme le rationalisme sous leur forme traditionnelle, et devrait inciter à réviser ces concepts philosophiques en accord avec la pratique.

Lorsque les politiques éducatives semblent divisées dans des oppositions irréductibles, et lorsque les pratiques éducatives sont troublées et incertaines en raison du mélange et de la sédimentation de toutes ces conceptions, la philosophie peut donc servir à clarifier et approfondir la signification intellectuelle des termes dans lesquels se posent ces problèmes. Mais elle peut également proposer de grandes hypothèses indiquant les directions pour s'en sortir. Quelle différence dans la pratique éducative Dewey attend-il de la reconstruction de la philosophie qu'il effectue en parallèle ? L'éducation scolaire se voit clarifiée dans ses objectifs les plus généraux : il s'agit de former l'intelligence sociale des enfants, en leur faisant acquérir conjointement l'attitude scientifique à l'enquête et la disposition démocratique à la libre coopération. Les contenus importent moins que les habitudes : ce sont elles qui forment le caractère, ce sont donc elles dont il faut contrôler l'acquisition. Et c'est en tant que laboratoire de la démocratie et lieu de la démocratisation de l'enquête que l'école peut constituer le moyen le plus puissant de réforme sociale, plus efficace encore que la législation dans la mesure où elle porte sur des êtres humains aux habitudes encore peu fixées. Non pas parce qu'elle devrait instruire un nouveau catéchisme en inculquant de nouvelles croyances et de nouvelles valeurs, mais parce qu'elle enseignerait la capacité à la réflexion critique sur les croyances et les valeurs en cours dans la société actuelle, dans une perspective de reconstruction et d'amélioration intellectuelles et sociales. Apprendre à coordonner l'observation des faits et l'inférence des hypothèses, apprendre à conjuguer l'initiative individuelle et le service commun, tel est donc en somme le double but de l'école.

Mais quel peut-en être le moyen constitutif, qui réalise déjà concrètement cet objectif en le prenant comme fin-en-vue ? Récapitulons les données du problème, pour voir comment la boucle, ouverte par la reconstruction du concept d'expérience instruite à partir du cas de l'enfant à la chandelle, se boucle avec une philosophie de l'expérience éducative. Le meilleur moyen d'apprendre doit : 1) se présenter sous la forme d'une activité continue qui a un but et qui coordonne plusieurs fonctions, sensorielles, affectives et motrices ;

2) fournir une occasion qui stimule les impulsions natives et permet de les organiser en habitudes sociales ; 3) partir d'une situation problématique vécue qui force à penser et qui oblige à maintenir une fin-en-vue soutenant l'intérêt et unifiant les efforts et moyens pour la résoudre ; 4) combiner une observation directe des faits avec l'usage des connaissances déjà acquises servant d'instruments pour guider et contrôler les hypothèses de résolution ; 5) obliger à un réajustement permanent des moyens et des fins au fur et à mesure de la progression de l'activité ; 6) permettre un décloisonnement de toutes les disciplines scolaires, chacune apportant les outils nécessaires à mettre en œuvre dans la situation individuelle particulière, chacune se renforçant ainsi mutuellement ; 7) aboutir à une expérience consommatrice et une complétude satisfaisante ; 8) offrir une division souple du travail permettant à chaque individu de prendre part au résultat final en apportant une contribution originale tout en le faisant communiquer et coopérer avec les autres dans la résolution du problème commun ; 9) illustrer des activités sociales typiques, de l'agriculture à la science, de la fabrication d'outils aux élections, permettant de faire comprendre à quel problème commun à l'ensemble de l'humanité ces activités répondent et quelle est leur place dans l'organisation sociale actuelle particulière à laquelle l'enfant appartient. Dewey appelle « *occupation* » (où il faut lire la continuité d'une préoccupation) un tel schème éducatif élémentaire (DE, MW9, 319, MW5, 251). On voit qu'une telle pédagogie ne peut être résumée, comme on le fait souvent de manière simpliste, par le slogan « *learning by doing* », expression qui n'est d'ailleurs utilisée dans *Democracy and Education* que pour désigner le plus bas

degré de connaissance, la connaissance par familiarité (le savoir-faire, *knowing-how*), en-deçà de toute enquête (*cf.* MW9, 192). L'introduction des travaux manuels à l'école que Dewey préconisait est à mettre en rapport avec l'introduction des laboratoires qu'il conseillait dans le même temps. Apprendre à construire une maquette ou à cuisiner ne répondra pas à un but éducatif libre et libérant, si une telle activité est seulement prise comme un moyen de devenir habile avec ses doigts ou de savoir préparer un repas. Le but est d'apprendre à penser et à coopérer *en* construisant une maquette ou *en* cuisinant, ce qui suppose une tout autre manière de monter et de conduire l'activité, qui est la responsabilité propre de l'enseignant.

L'école est le laboratoire privilégié de la philosophie en un troisième sens complémentaire : « dans les arts mécaniques, les sciences deviennent des méthodes pour employer les choses de sorte à utiliser leurs énergies pour atteindre des fins reconnues. Par les arts éducatifs, la philosophie peut donner naissance à des méthodes pour utiliser les énergies humaines en accord avec les conceptions sérieuses et réfléchies de la vie » (DE, MW9, 339). L'enquête morale tant recherchée, qui fasse pour les questions humaines ce que la physique a fait pour les phénomènes naturels, et qui soit à la fois une science sociale et une technologie humaine, trouve son début de réalisation ici, dans l'éducation considérée comme science et comme art. 1) La science de l'éducation est à la fois naturelle et humaine, en ce qu'elle se situe par excellence au point de jonction entre la nature et la culture, devant comprendre la manière dont les capacités natives de l'enfant sont organisées en habitudes socialement déterminées. 2) C'est la science sociale qui est le plus facilement susceptible de devenir expérimentale, puisqu'elle peut construire des expériences humaines simplifiées et spécialement élaborées pour mettre à l'épreuve des hypothèses sur les conduites d'apprentissage, en testant méthode et programme pour les améliorer. 3) C'est une science normative, qui n'est pas dissociée d'un art du contrôle de la conduite humaine. L'éducation est le lieu même où l'idée d'une ingénierie sociale non seulement ne fait pas peur, mais est exigée par la nature même de la science en question, puisqu'il s'agit non pas d'accepter tel quel le matériau des impulsions natives, mais de les transformer pour former des dispositions à agir et orienter la conduite dans certaines voies jugées meilleures que d'autres. 4) C'est une science qui ne peut exister qu'en intégrant les enquêtes des différentes disciplines – biologie, psychologie, sociologie, linguistique, histoire, etc., – pour comprendre la conduite humaine dans son intégralité et l'orienter de la manière la plus intelligente. Bref, si « les contributions culturelles spécifiques de la philosophie ont été dans les sciences naturelles et les sciences sociales, ces dernières incluant l'éducation », la philosophie est plus liée aux sciences sociales, dans la mesure où « celles-ci sont plus directement concernées par les problèmes de politiques à prendre, et ces problèmes impliquent des fins et des buts, et par là des jugements de valeur. Ce fait est tout particulièrement manifeste dans la carrière de la philosophie comme matrice de la théorie et de la pratique de l'éducation » (MW8, 32, 37).

Mais l'éducation, comme la démocratie, possède chez Dewey un sens large, et ce sens fournit en retour la matrice de la philosophie tout entière comme entreprise de critique et de reconstruction des valeurs. Dans le slogan « *learning by doing* », le terme important, qui porte la charge philosophique la plus lourde, est « *learning* ». Si l'éducation au sens étroit a pour vocation non pas seulement d'apprendre des contenus, mais d'apprendre des dispositions à apprendre (de l'expérience passée, des autres), alors l'éducation au sens large peut être définie comme « une réorganisation et une reconstruction constantes de l'expérience » (DE, MW9, 82). Un tel sens est normatif, puisqu'il découle de « l'idéal de croissance » (*ibid*), défini comme un processus où les expériences passées et présentes permettent des expériences futures qui continuent encore le processus en l'amplifiant. Dans le cas de l'apprentissage, il y a croissance lorsque l'enfant apprend à aimer apprendre, de sorte qu'il désire continuer à apprendre, y compris après l'école, rendant l'éducation consubstantielle à la vie. Cet idéal de la croissance comme processus continu et cumulatif nous fournit un critère pour juger de la valeur éducative d'une expérience en la différenciant des expériences qui sont « non-éducatives » (pas de continuité dans le développement temporel de l'expérience, arrêt de la croissance) ou « anti-éducative » (où la direction particulière suivie par le cours des expériences diminue la capacité générale à la croissance future). C'est pourquoi l'éducation est affaire non de contenus, qui sont des résultats particuliers, mais d'habitudes, qui sont des tendances générales à agir (DE, MW9, chap. 4 et EE, LW13, chap. 3). On comprend à présent en quoi la distinction la plus importante de ce point de vue est fonction de la direction que prennent ces tendances, entre celles qui tendent à restreindre et limiter de plus en plus les capacités d'agir (les habitudes routinières) et celles qui au contraire favorisent la continuation du processus de croissance (les habitudes intelligentes, rapportées en éducation à l'attitude expérimentale et à la disposition démocratique). Pour juger de la qualité éducative de toute expérience présente, la question à se poser est donc de savoir si elle est susceptible de mener à de nouvelles expériences encore plus riches (en signification et en contrôle) qui à leur tour pourront continuer le processus.

Un tel critère repose sur l'idée qu'il n'y a pas de fin en soi, et que la seule fin ultime est la poursuite du processus, toute fin atteinte n'étant jamais qu'un moyen pour continuer. Tout ce qui est mauvais repose sur un arrêt du processus, notamment sous la forme de la conversion d'un résultat particulier en fin fixe et définitive du processus tout entier (sophisme du philosophe). Or c'est un tel critère, saisi à partir de l'expérience éducative, qui anime et détermine l'ensemble de la philosophie de Dewey. Nous ne sommes pas obligés, selon lui, de choisir entre le fondationnalisme qui cherche la certitude dans des normes et principes hors du plan de l'expérience ou dans des conditions *a priori* qui régleraient la totalité de l'expérience elle-même, et le scepticisme ou le relativisme qui reviennent à penser que, puisqu'il n'y a plus de repères absolus, il n'y a plus de repères du tout, et donc plus de moyen de discriminer entre ce qui est vrai et ce qui est faux, ce qui est bien et ce qui est mal. La croissance aux yeux de Dewey fournit précisément un critère qui est à la fois immanent au plan des expériences et qui permette de faire une différence (de valeur) entre les expériences, en fonction du type de continuité qu'il y a entre ces expériences : c'est le développement temporel de l'expérience lui-même qui permet de juger de chacun de ses moments en fonction de la direction qui s'y dessine. C'est donc à toute expérience, qu'elle soit pratique, cognitive, morale, politique ou esthétique, et non seulement aux expériences scolaires, qu'il faut poser la question : est-elle éducative ?

Retournons-nous, en guise de conclusion, sur l'ensemble du trajet parcouru pour voir en quoi ce critère a joué à chacune de ses étapes. 1) Le problème fondamental que Dewey pose est un problème de direction du développement de l'histoire et d'éducation du genre humain : choisir d'achever la modernité en abandonnant la quête de certitude dans les questions humaines, c'est permettre à l'humanité de s'affranchir de tout ce qui bloquerait sa capacité au progrès indéfini en fixant des limites absolues à son développement. 2) La nature est croissance : si le « plateau » de la vie peut être conçu comme une réussite, c'est que la vie a à la fois développé certaines potentialités de la matière et conduit à l'émergence de l'esprit comme moyen de poursuivre le processus de déploiement des capacités de la matière dans de nouvelles directions. Il reste à savoir si le plateau de l'esprit est une réussite du point de vue de la nature : l'expérience humaine parviendra-t-elle à déployer toutes les capacités des individus en réussissant à former la grande communauté ou bien tournera-t-elle à l'échec ? La question n'est bien sûr pas résolue, nous sommes en mouvement, mais un signe au moins marque la bonne direction et doit susciter l'espoir selon Dewey : l'invention de la méthode expérimentale, puisque l'expérimentation est une expérience augmentée. Encore faut-il en développer toutes les potentialités en l'étendant aux affaires humaines. 3) La mise en relation des actions faites et des actions subies (*doing-undergoing*) est le moyen de la croissance de l'expérience considérée du point de vue biologico-social. L'importance des habitudes et des inférences dans la reconstruction continue de l'ajustement de l'individu à son environnement réside dans leur capacité à tisser une continuité dans le cours de ses expériences de sorte que les expériences passées et présentes permettent un plus grand contrôle des situations futures et que l'anticipation des expériences futures fasse croître en signification les expériences présentes. 4) Non seulement une enquête ne peut réussir que si la codétermination des faits et des idées se développe jusqu'à aboutir à une fin consommatoire, mais la valeur de ce résultat dépend de son intégration dans le cours des enquêtes passées et dans sa disponibilité pour les enquêtes futures. La vérité comme assertibilité garantie n'est pas une norme transcendant le cours des enquêtes, c'est le critère de croissance entendue comme la règle selon laquelle rien ne doit venir bloquer le *continuum* de l'enquête. La vérité n'est pas la correspondance statique avec une réalité antécédente ou l'approximation toujours plus grande avec elle, c'est la fin toujours relancée du processus de connaissance, obligeant à reconstruire continument les vérités déjà produites. Il n'y a donc pas d'opposition entre les croyances vraies prises comme résultat particulier d'une enquête à un moment donné et la vérité prise comme tendance générale impliquant un changement reconstructif dans le contenu des croyances autrefois tenues pour vraies. 5) La moralité devient réfléchie lorsqu'elle pose la question de la valeur des biens désirés, mais c'est bien la croissance qui fournit le critère du jugement. Le jugement porte sur les conséquences réelles d'un acte désiré, mais certaines de ces conséquences sont accidentelles et ne correspondent pas aux intentions. Il faut donc moins juger de l'acte lui-même, ou de ses conséquences immédiates, que de la tendance générale qui s'y dessine, c'est-à-dire de « l'effet probable de l'habitude sur le long terme » (HNC, MW14, 37). La qualité morale n'est pas attribuable à un acte particulier isolé, abstrait du développement temporel de l'expérience morale : tel est pourtant le présupposé commun aux morales kantienne et utilitariste à la recherche d'un critère absolu. Il faut juger au contraire des dispositions générales à agir qui se forment à l'occasion de ces actes, l'habitude regardant tout autant du côté du caractère du sujet que du côté des conséquences de la conduite. Il n'y a donc pas de norme absolue, un bien suprême ou une loi ultime, qui permettrait de mesurer en chaque cas la moralité d'un acte : « chaque situation a sa propre mesure et qualité de progrès » (HNC, MW14, 195), de sorte que le seul impératif est : « agis de manière à augmenter la signification de l'expérience présente » (*ibid*, 196) en la plaçant dans le contexte le plus large d'expériences possibles. « Bien » et « mal » sont ainsi des valeurs relatives et comparatives : « l'homme mauvais (*bad*) est l'homme qui, aussi bon (*good*) qu'il soit, commence à empirer, à devenir moins bon (*grow less good*). L'homme bon est l'homme qui, quel que soit son manque de valeur morale par le passé, est en train de devenir meilleur » (RP, MW12, 181). Le principe même du *continuum* des moyens et des fins trouve sa signification morale dans cette règle de ne pas bloquer le processus de l'éducation morale par une fin fixe qui en gouvernerait le cours par avance : le seul bien ultime est l'amélioration continuelle (méliorisme). 6) Une telle amélioration continuelle ne concerne pas seulement la croissance du moi moral, mais celle de la communauté où il vit, et qui permet, ou non, de développer les capacités individuelles de chacun de ses membres. C'est l'idée de démocratie *éducative* qui caractérise la philosophie politique de Dewey, encore plus que celle de démocratie participative ou délibérative qui renvoie aux moyens de la croissance politique : « la démocratie est la croyance (*faith*) que le processus de l'expérience est plus important que n'importe quel résultat spécial obtenu, de sorte que les résultats spéciaux obtenus n'ont de valeur ultime que pour autant qu'ils sont utilisés pour enrichir et ordonner le processus en train de se faire. Puisque le processus de l'expérience est capable d'être éducatif, la foi en la démocratie ne fait qu'un avec la foi dans l'expérience et dans l'éducation » (LW14, 229). La démocratie est ainsi le régime, et le mode de vie, fondés sur la reconstruction permanente des associations humaines. C'est le meilleur des régimes pourvu qu'il soit fidèle à son idéal de ne jamais bloquer d'une manière ou d'une autre le processus de réforme. C'est sa parenté profonde avec la science : l'invention d'un mode de vie public qui soit auto-correcteur et qui puisse apprendre même de ses échecs.

Les êtres humains sont capables d'apprendre. La philosophie tout entière de Dewey est le déroulement systématique des implications de ce fait très simple, que les enfants nous mettent chaque jour sous les yeux.

ŒUVRES PRINCIPALES

DEMOCRACY AND EDUCATION (1916)

C'est le premier livre dans lequel Dewey parvient à nouer tous les fils disparates qu'il avait développés jusqu'alors pour aboutir à une synthèse de l'ensemble de sa pensée. C'est donc en réalité un livre de philosophie générale, où les questions éducatives forment le point de resserrement permettant de clarifier et de résoudre les problèmes métaphysiques, épistémologiques, moraux et politiques. Le titre s'entend dans les deux sens : la démocratie requiert plus que tout autre régime l'éducation de tous ses citoyens, l'éducation étant le grand moyen de la réforme sociale ; réciproquement, l'éducation doit être reconstruite en fonction des idéaux démocratiques pour devenir progressiste. Les neuf premiers chapitres portent sur la nature et le but de l'éducation démocratique : c'est le processus de reconstruction continue de l'expérience tant sociale que personnelle. Les chapitres 10 à 17 analysent les méthodes et les programmes scolaires en les rapportant aux phases et aspects du développement de l'expérience éducative, dont le schème est alors analysé : c'est l'« occupation » comme activité coopérative visant à résoudre intelligemment une situation problématique. Les chapitres 18 à 23 montrent les limites actuelles de

la réalisation de l'éducation démocratique en raison des
manières dualistes de penser (travail et loisir, théorie
et pratique, science physique et humanités, méthode
et matière) reflétant les divisions sociales qui limitent
corrélativement la démocratie hors de l'école. Les trois
derniers chapitres indiquent la manière de reconstruire
la philosophie et surmonter ces manières dualistes de
penser en prenant le point de vue de l'éducation comme
croissance.

RECONSTRUCTION IN PHILOSOPHY (1920)

Issu de conférences à l'Université Impériale de
Tokyo en 1919, ce livre est la meilleure initiation à la
pensée de Dewey. Il expose la nouvelle fonction que
la philosophie devrait remplir dans une opposition
systématique aux anciennes manières de penser. Les trois
premiers chapitres argumentent en faveur de l'abandon
de la fonction métaphysique que la philosophie avait
assumée depuis les Grecs en remplacement de la
coutume, fonction rendue obsolète par la révolution
intellectuelle induite par les sciences modernes dans
notre conception de la nature et de la méthode. Cette
reconstruction de la nature de la philosophie s'enchaîne
dans les deux chapitres suivants avec une reconstruction
des grandes catégories à l'origine des antagonismes
des principales écoles philosophiques. La nouvelle
conception de l'expérience comme expérimentation et
de la raison comme intelligence permet tout à la fois
de dépasser les limites respectives de l'empirisme et du
rationalisme classiques et de surmonter leur opposition.
La reconstruction conjointe des concepts d'idéal et

de réel permet de faire de même avec l'idéalisme et le réalisme. Les trois derniers chapitres indiquent de manière programmatique les besoins de reconstruction dans les grands champs de la discipline, philosophie de la connaissance (« logique »), philosophie morale, puis philosophie sociale et politique. En chaque cas, les problèmes artificiels qui font obstacle à la reconstruction sont écartés en montrant leur dépendance vis-à-vis de manières dualistes de penser.

HUMAN NATURE AND CONDUCT (1922)

À travers ses quatre parties portant respectivement sur l'habitude, l'impulsion (l'instinct), l'intelligence et la morale, Dewey entend tout à la fois clarifier les principes de la psychologie sociale comme science et reconstruire la philosophie morale sur une telle base scientifique. La thèse qui sert de fil conducteur commun est que la conduite, prise dans ses deux dimensions psychologique et morale, n'est pas déterminée par la nature humaine. Côté psychologique, les instincts biologiques présentent bien une commune nature humaine, mais la conduite est la réorganisation de ces impulsions plastiques dans les conditions fournies par les habitudes sociales qui varient culturellement. La conclusion est que l'esprit ne présente pas de structure fixe antécédente qui pourrait servir de justification au conservatisme social ou moral, mais qu'il faut le comprendre au contraire comme un produit de l'organisation des activités natives dans un environnement social et culturel donné. Côté philosophique, le bénéfice d'une telle compréhension biologico-sociale de l'esprit est de sortir les questions morales des obscurités de la conscience intérieure, pour les poser en termes de conduite intelligente, c'est-à-dire de coordination réfléchie ou délibérée entre impulsions et habitudes. Issu de conférences de 1918 antérieures à *Reconstruction in Philosophy*, ce livre présente ainsi l'une des premières formulations systématiques du naturalisme culturel de Dewey.

EXPERIENCE AND NATURE (1925)

Le premier chapitre expose la légitimité d'un « empirisme naturaliste » ou d'un « naturalisme empiriste » en philosophie en montrant le circuit vertueux des deux notions du titre : l'expérience, comprise d'un point de vue naturaliste et non mentaliste, est le seul moyen de connaissance de la nature. Le reste de ce livre touffu s'éclaire si on le compare avec *The Quest for Certainty* dont la progression est plus apparente. Les trois chapitres suivants mettent en place le conflit central de la philosophie, écartelée, du point de vue de la conception de la nature, entre ses origines grecques et la révolution intellectuelle des sciences modernes : métaphysique esthétique *vs* science expérimentale, formes invariables *vs* lois du changement, quête de certitude hors de la précarité de l'existence *vs* contrôle de l'occurrence des événements dans l'expérience, supériorité ontologique des fins *vs* expulsion des fins hors de la nature, consommation des qualités immédiates *vs* connaissance réfléchie des relations. Les chapitres 5 à 8 entendent reconstruire conjointement les concepts de nature et d'esprit (avec les concepts associés de langage, de sujet, de conscience), pour réintégrer l'esprit dans une nature élargie comme moyen de surmonter le conflit central. Les deux derniers chapitres peuvent alors revenir à la question des qualités, des fins et des valeurs, en réinscrivant dans la nature l'appréciation esthétique des qualités comme les opérations de l'art, et en proposant une théorie naturaliste des fins et des valeurs. Celle-ci permet *in fine* de montrer la subordination de la théorie de la nature et de l'existence (la philosophie comme « métaphysique ») à la critique pratique des principes de la conduite (la philosophie comme « sagesse »).

THE PUBLIC AND ITS PROBLEMS (1927)

Le livre se présente comme une enquête sur les maux de la démocratie. Les symptômes sont donnés au chapitre 4 : abstention, captation de la vie politique par les partis, manque de culture politique et d'intérêt entre deux élections, politique-spectacle. Pour contrer le diagnostic d'une limitation en droit des compétences du public qui reviendrait à introduire des solutions anti-démocratiques, Dewey s'appuie d'abord sur une théorie de la genèse du public proposée dans les deux premiers chapitres. Un public est formé par tous ceux indirectement affectés par les conséquences d'une action conjointe à laquelle ils ne prennent pas part : l'effort pour contrôler ces conséquences explique l'origine et la fonction de l'État. Les deux chapitres suivants peuvent alors clarifier le problème et poser un contre-diagnostic : les bouleversements sociaux depuis la révolution technologique et industrielle sont dus à l'extension, la multiplication et la complexité des circuits de conséquences indirectes, si bien que les individus sont pris dans des forces trop vastes pour les comprendre et les contrôler et que les organisations politiques, obsolètes, sont incapables d'y répondre adéquatement. La condition préalable pour s'organiser et contrôler ces conséquences est donc que les publics prennent conscience d'eux-mêmes dans la compréhension de ce qui les affecte. La ligne générale d'une thérapie est alors indiquée dans les deux derniers chapitres : clarification philosophique de l'idée de communauté démocratique pour en retrouver la véritable signification, constitution d'une science sociale pour enquêter sur les circuits des conséquences indirectes et proposer des moyens de contrôle, extension et libération de la communication à tous les niveaux jusqu'au plus local pour former une nouvelle intelligence publique.

THE QUEST FOR CERTAINTY (1929)

C'est le livre-clef qui prend comme fil conducteur le clivage entre croyance cognitive et croyance sur les valeurs, considéré comme problème central de la pensée moderne. Les trois premiers chapitres diagnostiquent l'artificialité du problème en montrant qu'il dépend du maintien des conceptions sur la réalité, la connaissance scientifique et les valeurs issues des origines méta-physiques de la philosophie dans sa quête de certitude et dont l'expression la plus manifeste est la séparation de la connaissance et de l'action. La grosse partie centrale s'emploie à reconstruire dans un sens expérimental et naturaliste les conceptions de la connaissance et de l'esprit (chap. 7-9) à partir d'une analyse de l'enquête des sciences physiques, prise comme modèle le plus abouti de pratique cognitive et dont Dewey teste également la validité sur le cas des mathématiques (chap. 4-6). Fort de cette nouvelle théorie expérimentale de la connaissance et de l'esprit montrant l'inséparabilité de la connaissance et de l'action, le projet de dépassement du clivage peut alors revenir au problème des valeurs dans les deux derniers chapitres, pour penser une manière d'en garantir la sûreté par et dans l'action, loin de toute quête métaphysique de certitude absolue. L'intérêt spécifique du livre, outre qu'il présente la synthèse la mieux conduite de l'ensemble de la pensée de Dewey, réside dans les précisions qu'il apporte à sa philosophie des sciences à partir d'analyses de Galilée, Newton, Eddington, Einstein ou Heisenberg, qui dessinent le récit d'un abandon de plus en plus conscient et revendiqué des absolus dans l'histoire des sciences.

ART AS EXPERIENCE (1934)

Ce livre ambitionne de renouveler l'esthétique et la philosophie de l'art en les abordant systématiquement du point de vue d'une théorie générale de l'expérience, tout en montrant comment l'expérience esthétique et artistique permet en retour de préciser et compléter cette théorie en éclairant les aspects qualitatifs et consommatoires souvent négligés de nos expériences ordinaires. Les trois premiers chapitres en sont le manifeste : l'expérience esthétique clarifie et intensifie ces qualités présentes dans toute expérience qui font qu'elle est « une » expérience, unique, individuelle, finale, complète. L'esthétique et l'artistique n'appartiennent donc pas à un ordre de réalité à part, mais sont un développement de l'expérience, et même son moment de culmination et d'achèvement. Dewey peut alors montrer comment l'art émerge de la vie, comme interaction de l'être vivant avec son environnement, dont les rythmes fournissent l'organisation dynamique primordiale d'où sortiront les formes artistiques. Les chapitres 4 à 10 portent sur la nature et la structure de l'œuvre d'art en prenant comme fil conducteur l'idée qu'elle est le produit d'un processus dynamique par lequel le matériau de l'expérience est transformé dans un médium (mot, son, pigment, etc.) pour être porté à une unité qui en accomplit le mouvement. C'est l'occasion pour Dewey de montrer l'intime union de la matière et de la forme dans l'œuvre d'art, au fil de chapitres qui ne séparent pas non plus le point de vue de la production artistique de celle de la réception esthétique, celle-ci n'étant véritablement perception que si elle sait retrouver ce mouvement de l'*œuvre* dans le produit fini. Les chapitres 10 à 12 sont consacrés aux différents types de théories sur l'art : psychologie, philosophie, critique esthétique, et pointent à chaque fois les erreurs dues au manque de fidélité de ces discours à l'expérience esthétique dans son intégralité (mentalisme, réductionnisme, dualisme, etc.). Le dernier chapitre complète le point de vue biologique des premiers chapitres par l'étude des fonctions sociales de l'art en soulignant sa capacité à réunifier une civilisation divisée par l'exemple qu'il donne de la communication d'une expérience partagée.

LOGIC : THE THEORY OF INQUIRY (1938)

L'objet prochain de la logique comme théorie de la structure formelle des propositions et de leurs relations formelles d'inférence fait l'objet de la troisième partie. La thèse de Dewey selon laquelle cette structure et ces relations ne s'expliquent qu'en les rapportant à l'enquête comme conduite logique est indiquée par le simple fait que cette partie est réinsérée dans un double contexte. D'une part, la deuxième partie a pour fonction de préparer la réintégration de l'analyse de la structure des propositions à l'intérieur d'une logique du jugement, dont les différents types et les différentes fonctions sont expliqués à partir de l'analyse du schème de l'enquête. D'autre part, les relations entre propositions sont rapportées dans la quatrième partie au modèle de l'enquête scientifique, telle qu'elle est mise en œuvre en mathématique et dans les sciences de la nature et telle qu'elle pourrait l'être dans les sciences sociales. L'ensemble de cette théorie de l'enquête qui vise à mettre la logique en accord avec la pensée scientifique pour surmonter le dualisme entre sciences empiriques et sciences formelles est lui-même remis en contexte dans une première partie mettant en place le point de vue naturaliste en logique, par la mise en valeur des conditions biologiques et sociales de l'enquête et de la continuité entre le sens commun et la science. L'ensemble est traversé par l'effort pour penser de manière non dualiste les rapports entre ce qui est formel et ce qui est matériel, dans la continuité de la réflexion précédente sur l'art.

BIBLIOGRAPHIE

Œuvres de John Dewey

The Collected Works of John Dewey

DEWEY John, *The Early Works, 1882-1898*, 5 volumes, Boydston Jo Ann (Ed.), Carbondale, Southern Illinois University Press, 1969-1972.

DEWEY John, *The Middle Works, 1899-1924*, 15 volumes, Boydston Jo Ann (Ed.), Carbondale, Southern Illinois University Press, 1976-1983.

DEWEY John, *The Later Works, 1925-1953*, 17 volumes, Boydston Jo Ann (Ed.), Carbondale, Southern Illinois University Press, 1981-1990.

Traductions françaises des ouvrages

L'école et l'enfant, Paris, Fabert, 2004.

Comment nous pensons [E1], Paris, Les Empêcheurs de penser en rond, 2004.

L'influence de Darwin sur la philosophie, Paris, Gallimard, à paraître.

Démocratie et éducation, suivi de *Expérience et éducation*, Paris, Armand Colin, 2011.

Reconstruction en philosophie, Paris, Gallimard, 2014.

Expérience et nature, trad. Zask, Paris, Gallimard, 2012.

L'expérience et la nature, trad. Gouverneur, Paris, L'Harmattan, 2014.

Le Public et ses problèmes, Paris, Gallimard, 2010.

La quête de certitude, Paris, Gallimard, 2014.

La formation des valeurs, Paris, La Découverte, 2011.

Une foi commune, Paris, La Découverte, 2011.

Après le libéralisme ? Ses impasses, son avenir [LSA], Paris, Climats, 2014.

Liberté et culture, Paris, Aubier, 1955.

L'art comme expérience, Paris, Gallimard, 2010.

Logique. La théorie de l'enquête, Paris, P.U.F., 2006.

Écrits Politiques, Paris, Gallimard, à paraître.

Biographie et autobiographie

DEWEY Jane (Ed.), « Biography of John Dewey », *in* Paul A. SCHILPP (1939), p. 3-45.

DEWEY John, « From Absolutism to Experimentalism », LW5, p. 147-160.

DYKHUIZEN George, *The Life and Mind of John Dewey*, Carbondale, Southern Illinois University Press, 1973.

WESTBROOK Robert B., *John Dewey and American Democracy*, Ithaca and London, Cornell University Press, 1991.

Initiation à l'ensemble de l'œuvre

BOISVERT Raymond, *John Dewey. Rethinking Our Time*, Albany, SUNY Press, 1998.

CAMPBELL James, *Understanding John Dewey. Nature and Cooperative Intelligence*, Chicago and La Salle, Illinois, Open Court, 1995.

FESMIRE Steven, *Dewey*, London and New York, Routldege, 2015.

HILDEBRAND David, *Dewey. A Beginner's Guide*, Oxford, OneWord, 2008.

TALISE Robert, *On Dewey. The Reconstruction of Philosophy*, Wadsworth Philosophers Series, Thomson Learning, 2000.

Manuels

BOYDSTON Jo Ann (Dir.), *Guide to the Works of John Dewey*, Carbondale, Southern Illinois University Press, 1970.

COCHRAN Molly (Dir.), *The Cambridge Companion to Dewey*, Cambridge UK, Cambridge University Press, 2010.

HICKMAN Larry (Dir.), *Reading Dewey : Interpretations for a Postmodern Generation*, Bloomington, Indiana University Press, 1998.

*Études historiques (marqués d'un *, les ouvrages d'initiation)*

*BERNSTEIN Richard, *John Dewey*, New York, Washington Square Press, 1966.

DELEDALLE Gérard, *L'idée d'expérience dans la philosophie de John Dewey*, Paris, P.U.F., 1967 (de lui également sur la pédagogie de Dewey : *John Dewey*, Paris, P.U.F., 1995).

*HOOK Sydney, *John Dewey : An Intellectual Portrait*, New York, John Day, 1939.

SCHILPP Paul Arthur (Ed.), *The Philosophy of John Dewey*, Evanston and Chicago, Northwestern University, 1939.

THAYER Horace, *The Logic of Pragmatism : An Examination of John Dewey's Logic*, New York, Humanities Press, 1952.

WHITE Morton, *The Origin of Dewey's Instrumentalism*, New York, Columbia University Press, 1943.

Études récentes (postérieures aux Collected Works)

ALEXANDER Thomas, *John Dewey's Theory of Art, Experience, and Nature : The Horizons of Feeling*, Albany, SUNY Press, 1987.

BOISVERT Raymond, *Dewey's Metaphysics*, New York, Fordham University Press, 1988.

BURKE Tom, *Dewey's New Logic : A Reply to Russell*, Chicago, Chicago University Press, 1994.

COMETTI Jean-Pierre, *La démocratie radicale. Lire John Dewey*, Paris, Gallimard, 2016.

ELDRIDGE Michael, *Transforming Experience. John Dewey's Cultural Instrumentalism*, Nashville and London, Vanderbilt University Press, 1998.

FREGA Roberto, *Pensée, expérience, pratique. Essai sur la théorie du jugement de John Dewey*, Paris, L'Harmattan, 2006 ; *John Dewey et la philosophie comme épistémologie de la pratique*, Paris, L'Harmattan, 2006.

GARRISON Jim, *Dewey and Eros : Wisdom and Desire in the Art of Teaching*, New York, Teachers College Press, 1997.

GOOD Jim, *A Search for Unity in Diversity : The "Permanent Hegelian Deposit" in the Philosophy of John Dewey*, Lanham, Lexington Books.

GOUINLOCK James, *John Dewey's Theory of Value*, New York, Humanities Press, 1972.

HICKMAN Larry, *John Dewey's Pragmatic Technology*, Indianapolis, Indiana University Press, 1990.

HILDEBRAND David, *Beyond Realism and Antirealism : John Dewey and the Neopragmatists*, Nahsville, Vanderbilt University Press, 2003.

PAPPAS Gregory, *John Dewey's Ethics : Democracy as Experience*, Indianapolis, Indiana University Press, 2008.

SHOOK John, *Dewey's Empirical Theory of Knowledge and Reality*, Nashville, Vanderbilt University Press, 2000.

SLEEPER Ralph, *The Necessity of Pragmatism : John Dewey's Conception of Philosophy*. New Haven and London, Yale University Press, 1986.

TILES John, *Dewey*, London and New York, Routledge, 1988.

WELCHMAN Jennifer, *Dewey's Ethical Thought*, Ithaca, Cornell University Press, 1997.

ZASK Joëlle, *L'opinion publique et son double*, Livre II : *John Dewey, philosophe du public*, Paris, l'Harmattan, 2000 ; *Introduction à John Dewey*, Paris, La Découverte, 2015.

Autour de Dewey

JAMES William, *The Works of William James*, Cambridge, Massachusetts and London, England, Harvard University Press, F. H. Burkhardt., F. Bowers et I. Skrupskelis (eds); *The Will to Believe* (1979); *The Principles of Psychology*, t. I (1981).

MEAD Georges H., *L'esprit, le soi et la société* (1934), Paris, P.U.F., 2006.

PEIRCE Charles S., *Pragmatisme et pragmaticisme*, Paris, Cerf, 2002.

TABLE DES MATIÈRES

Imprimé en France par CPI
en mars 2016

Dépôt légal : mars 2016
N° d'impression : 134165